完美投机者

牛市大赚，熊市保本的秘诀

完美投机者

牛市大赚，熊市保本的秘诀

布拉德·科特什瓦尔

完美投机者

Great Expressions Publishing
斯科茨代尔，AZ 85262

这本书中的所有人物均为虚构。角色与任何活着或已逝之人的任何相似之处都是偶然的，一切纯属巧合。书中的事件可能发生过，也可能没有发生，同时可能是虚构的，也可能并非虚构。如果这些事件过去已经发生，它们可能会也可能不会被用作呈现市场规则的例子。如果这些事件尚未发生，那它们将来可能会发生，也可能不会发生。

献给我热爱市场的女儿，

她让我受益良多

投机者根据获利的最佳几率观察、
解读并执行

目录

序言

我在街角的一家理发店理发。我喜欢老式的理发店。如今，过誉的理发店如雨后春笋般涌现，它们的名字不好发音，并且带有"沙龙"一字；里头的理发师们称自己为"发型师"，他们拥有免费许可，可收取标准理发店费用的三倍。我的理发师名叫埃德，我猜应该七十多岁了。他一边给我理发，一边说着年轻时的故事，当时他在芝加哥郊外经营一家理发店。我问他："你什么时候搬到亚利桑那州的？"他说他大约十年前便退休了，并且在卖掉芝加哥的理发店后就搬到了亚利桑那州。此时，一个明显的疑问在我的脑海中闪现，我很冒失地脱口问道："既然您十年前便退休了，为什么还要工作呢？"他语带一丝悲伤和些许怒气回答："我应该听你们说的话，无奈我的钱都放在了共同基金里，结果熊市到来我顿时一无所有。现在我正值老年黄金岁月，却面临着平生以来最糟糕的财务状况。"

理完发开车回家的途中，我内心记下了一件事：媒体从不报导千千万万个与埃德相似或更糟的故事，他们总是大肆宣传有关股票市场如何让人快速致富的消息。

在斯科茨代尔四月初一个美丽的春天早晨，我沉浸在须臾的名声之中，因为《时代》杂志在其商业专栏中提到了我和我的妻子。该杂志报道了泰瑟国际（Taser International）股价的惊人上涨与紧接而来的暴跌。在那篇文章中，他们提到了一些关于我的事情。

2004年，我写了一本名叫《完美的股票》的书，讲述泰瑟的股价波动。我的电话响个不停，亲戚朋友们，甚至我的邻居都打电话给我，说我是他们所认识唯一一个登上《时代》杂志的人。我不得不提醒他们，新一期的《时代》杂志已摆上货架，而上周的《时代》杂志现已成为古老历史。人类的记忆是短暂的，泰瑟已然是个被遗忘的故事。毫无疑问，未来的市场周期会出现更多的新股，它们将谱写出与泰瑟相似的故事。

在我接到的众多电话之中，有几通是来自纽约的大型图书出版社。现在我的名字登上了《时代》杂志，他们便翻到了我在2004年9月自行出版的那本书。这些'大人物'毫不讳言，直奔主题问道："你的第一本书卖了多少册？《时代》杂志的那篇文章如何提升你的销售？你现在有在写其它书吗？有其它出版商找过你吗？如果你有正在撰写第二本书，能寄给我们一份草稿吗？"所有问题似乎都大同小异。

我不知他们如何得知我正在写我的第二本书，但我对我得到的所有关注感到受宠若惊。我十分乐意将我当时写的一份手稿草稿寄给他们所有人。

大约一周后，我接到一位出版商的电话。这家伙说话直截了当，他说："布拉德，你的手稿很棒，但抱歉我们无法将其出版。你用简单明了的方式来涵盖了一些经典的原则，我想读者会喜欢阅读并从中学习。然而，我在书中看不到任何轻松致富的承诺，所以我无法用这一点来制造一波营销热潮。我在书中没有看到一种可以简单战胜市场的全新方式。"

我打断他说："大卫，我也不想这么说，但是市场上并没有快速又简单的致富方法。如果有的话，现在早就被算出来了。投机已存在了数千年，一点都没变。我用一种简单易读的形式写出这些课程，我年轻时多么希望拥有这样一本书，如此一来，我就可以避免这一路走来所犯下的巨大错误。"

大卫感觉有点意外。他回答说："我无法用你的新手稿大做文章，也无法销售它。当我推出一本有关市场的书时，通常都是围绕于在市场上快速致富的新方法。人们总是在寻找捷径，并且喜欢花大钱去寻找战胜市场的神奇新方式。通过大肆宣传和推销，我可以在第一天卖出数千本书。你知道某吉尔吗？她写的书不管多糟，都总是能在第一天就卖出两万本。我可以炒作、出售、推销和宣传。她的书总是提供一种快速致富的方法，所以人们会毫不犹豫地购买她的内容。"

"这是出版界的一个圈内笑话——我们只出版不怎么需要销售的书籍。如果你改变主意，想出一本书来兜售一种战胜市场的最新方法，请务必告诉我。我将炒作、宣传和推动它，使其成为畅销书籍。人们是很有趣的，他们愿意花钱去读'天上掉馅饼'的承诺，却永远不会花钱去学习真正的市场课程。"

"真正的市场课程和现实太难付诸行动，因为人们想要的是快钱，殊不知快钱并不存在，唯一的快钱就是兜售如何赚取快钱，就像吉尔那样。你知道我在说谁吗？"我知道吉尔。她常年看多，并且只知道两种市场——牛市和超级牛市。她总是声称自己是对的。然而，人们并不介意吉尔总是放马后炮。对大家来说，最重要的是吉尔是个乐观主义者。按照她的说法，一个超级牛市总是即将就要到来。

大卫说的这个吉尔，我说她有一个很棒的工作。她会在报章上刊登所有在最近几个月内已发生重大变化的股票，然后评论说："如果你在六个月前买了这只股票，你的资金已经翻了三倍。如果想要找到类似的股票，你就必须订阅我的图表服务和筛选程序。"很显然，这些图表和筛选都价格不菲。当她的任何读者提出一个合理且聪明的问题时，如"为什么你的报章没有在波动前将股票列作未来潜力股，而总是在事后才指出哪些股票有所波动？"——她的回答永远是一个典型推销员的雄辩答复："我们是报社，并非投资顾问，我们为投资者提供的是获取丰厚回报的工具。"

我继续我的思路，说道："我觉得这样的做法并不老实，它只不过是在兜售虚假的致富承诺，而股市的工作就是利用这种快速致富的诱惑来吸引天真的人们。"我的用词有点强烈，但我想到大卫是出版界的资深人士，早已习惯来自他潜在作者们的坦率评论。

大卫突然打断我说，"但布拉德，这正是公众所渴望的。大多数人或许难以置信，但人们总是愿意相信快速致富方案，也不愿接受市场现实的准确描述。真相太让人难以接受了。人们想要相信在市场中可以轻松赚取巨额收益。他们会不惜花大钱去购买'任何人都能轻易在市场中赚大钱'的想法。如果你不断大量生产这样的书籍和服务，他们便会不断回头购买。"

"市场是由需求驱动的。哪里有需求，我们就在哪里提供供应，而恰好需求就在于快速致富的捷径和赚快钱的承诺。在市场赔钱的人数比任何人想像中的还要多。这些输家们都想快速和轻松地赚回他们的本金。这就是我们的供应所在——轻松赚钱的承诺，而出售书籍和服务来满足这种需求，正是我们的'快钱'。"

我知道这是事实，不仅是根据我作为商品市场经纪人的经验，也来自其他人在业内的经验。当你能够提供一种稀有的服务，指出正确的步骤以避开陷阱和利用适当机会，但却没人买单，只因为其过程很辛苦，并且需要耐心、毅力及特殊的心理素质来掌握其中诀窍，这无疑是令人感到沮丧的。

大卫继续说道："你的书还有另一个缺点，那就是没有在书中引用任何著名的CNBC或华尔街模式。如果你采访一些知名人士，你会发现卖书其实非常容易。人们都喜欢追捧名人，任何明星或知名人士都将推动书的销量。"

我接着对大卫说："大卫，没关系。我将通过自行出版的方式来完成这本书。这样一来，我在写作内容、方式和时间方面都将毫无约束。你说的都没错。依我看来，你的出版形式很像华尔街业内人士的操作方式，主要是用炒作来创造和满足需求。这种形式的资本主义并没错，只是不符合我的风格。"

大卫冷冷地回答："祝你好运。没有任何主流媒体会评论自行出版的书籍。除此之外，你在推销方面将面临困难，因为大多数传统的纽约大型出版商都有自己的通路，并且只为它们自己的作者安排电台、电视和印刷采访和报道。一个自行出版的作家完全没有任何曝光机会。"

"此外，自行出版的书也没有机会入驻沃尔玛、巴诺、博德斯、道尔顿等的著名书店和连锁商店。只有像我们这样的大型传统出版商，才有能力和合同协议把我们的书上架到各个书店。另外，我们内部有数千名员工，可以在亚马逊等所有著名在线零售商的网站上留下数百条评论。像你这样的自助出版作家并没有系统来推送书籍。我恐怕你将无法从销售中获得多大的利润。再说了，你了解'图书填充'吗？作为出版商，我们懂得用多页的冗余和无用信息填满一本书。我们可以增添一页又一页的内容，只为了让书看起来饱满且富含信息。我们会添加索引和词汇表等内容，纯粹是为了在书中添加更多页面。正如你所知，页数越多，我们可以定的价格也就越高。"

大卫在各方面说的都是对的。尽管美国提供了比其它任何国家都多的机会，但它依旧是一个由巨头操作的运作系统。不管一本书的质量有多好，获得媒体和广大公众曝光始终是一本书热卖的关键因素。如果公众不知道一本好书的存在，而每年又有几十万本新书问世，其中绝大多数还都是大型出版商在兜售、推销和炒作和营销的，那这本好书被购买或阅读的机会就会变得极小。

大卫所说的都不是惊人之语。我是市场上的老手，而且每时每刻都在变老。我在这场游戏中待了很长的时间，足以认清其中的现实。我并不打算通过写书来发大财，只想留下一点知识，有些是我自学的，有些是现代最伟大的投机者之一——博伊德·亨特（Boyd Hunt）所传授的。博伊德不为世人所知，他比较喜欢保持低调。我很幸运能与博伊德结识，他在市场中的一些操作简直让人难以置信。

成功投机的信息和规则都纳入了这本书中，如何接受、解读和执行游戏规则，则取决于每位玩家本身。

第 1 章

投机者的电话

博伊德·亨特是一位大师级的投机者。我认识许多非常成功的投机者，但博伊德绝对是最杰出的，可谓拔萃出群。他现已90多岁，比几年前更喜欢避世隐居；而他总是非常谨慎和谦虚，你可能和他聊上一个小时都不会知道他是位非常成功的市场作手。如使用得当，他对市场的了解价值数百万美元。

2005年初，我接到了他的电话。距离我撰写'泰瑟52周内飙升7000%'的报道已过了好几个月。碰巧，这篇报道不知何故被当地媒体曝光，为了避免可能爆发的愤怒，我以小说的形式发表了这篇报道，并向广大公众公开。那本书的标题为《完美的股票》。结果，那本书相当受欢迎，尤其是对于一位首次自行出版图书的无名作者而言。可惜的是，有些读者未能领会那本书中隐藏的教训。我想这是因为我的写作存在一定缺陷。我并非英语专家，我的注意力更多地集中在将市场经验融入小说中，而不是试图在政治上或其它方面正确无误地使用书面英语。

为了保护某些身份与事件，报道以虚构的方式发布，媒体不知何故对它失去了兴趣。后来我才明白，当地媒体大多都持有泰瑟股票。谁也不希望在2004年秋季听到股价在同年4月已经达到顶峰的报道。事实证明，2004年4月的顶峰已经是极。仅在2005 年春季，泰瑟股价就从33美元的高位跌至7-10美元的价格区间。我不打算在镇上到处宣扬"我早就告诉过你了"。那不是我的风格，况且泰瑟现在已经是老故事了。此外，我在市场中也犯过很多次错误。不过这些年来，我已经学会在小事上犯错，并在大事上做对选择。

博伊德打电话给我时，我有一点小紧张。他找我做什么？难道我在第一本书中用了他的角色令他感到不悦吗？为了展示杰出投机者的操作，我在书中使用了他的一些交易记录和技。自我上次和他说话以来已有数个月了。我信守承诺，采取了许多预防措施来保护他的身份，因为他确实是一个非常注重隐私的人。我用一个化名来代替他的真名，并且为他虚构了一个住址。我在书中描述的交易与他对泰瑟的实际操作非常相近，他现在打电话给我，难道是他因此感到不高兴吗？

2005 年1月的一个凌晨，早晨6点多，按照我的日常习，我喝着黑咖啡，读着《纽约时报》和《亚利桑那共和报》的商业版面。此时电话铃声响起，我接听电话，另一端是博伊德。他让我开车去找他吃早餐，越快越好。他说有一些非常重要的事情要跟我讨论，必须马上见到我。我感受到了紧迫感，于是同意马上开车上山去见他。

当我开上他的私人车道时，我陷入了沉思，并对博伊德打电话来的原因有些好奇。不过，我还是设法在亚利桑那州明亮且清爽的冬日阳光下，欣赏山谷下的美景。当时博伊德坐在泳池边喝着咖啡，他站起来和我握手。当他向我道早安时，我发现他看起来更老了，声音也听起来很累。

他递给我一杯刚泡好的咖啡，说道："谢谢你能在这么短的时间内赶来。不过我的时间是借来的，上次体检时，医生发现我的肺部有肿瘤，我恐怕我得了肺癌。"

我感到很震惊，我从来没见过他吸烟。我只能说："这怎么可能？你又不吸烟。对不起，博伊德，但我真不知该说什么。这太糟了。"

他挥挥手说，他年轻时是个重度吸烟者，已经抽了很多，直到五十多岁才戒烟。然而，他年轻时肺部所受的伤害，终究还是赶上了他。他对谈论自己的病情不太感兴趣。他开门见山地说:"如你所知,我有在为几个老朋友写小小的股市评论。他们让我找人来接替这份评论工作。我想不出其他人。你的名字是第一个,也是唯一一个出现在我脑海中的名字。"

我有点措手不及,这太突然了,并且完全出乎我的意料。首先,博伊德健康每况愈下的消息仍然令我震惊。除此之外,他现在还把这个新的重担压在我身上。我顿时傻眼了,只能坐在那里盯着他。我张着嘴,但却说不出话来。博伊德看出了我的不安,他笑了笑,用一贯冷静沉着的声音说道:"别担心,我相信这不会与你的时间和其它义务有冲突,因为我知道,你为了了解市场情况,原本就已经在做我所做的大部分工作。我还知道,根据你对市场的解读,你也会挑选潜在的赢利股票。基本上,这就是我给我的读者提供的内容。再说了,我仍然有一些时间来帮助你了解基础,并让你适应自己撰写对市场情绪的解读。"

我镇定下来,深吸一口气,回答道:"博伊德,我实在受宠若惊,但恐怕我对市场的了解远不如你。此外,我想山谷里至少还有一两个人能比我做得更好。"

"不要低估自己。我知道你说的是谁,但他们被其它兴趣所束缚，而且他们与华尔街的体系紧密相连，这使得他们不可能做到完全公正和独立。我需要一个完全不受业内人士影响的，他/她必须是一个时时刻刻都与业内人士划清界限的人。我需要一个可以完全脱离华尔街体系的人。很抱歉，你是我现在唯一能想到的人。"博伊德说。

我回答说："即使我符合条件，我也不得不承认，我解读市场和个股的能力有限。我没有你的丰富市场经验。我也没有你消除噪音干扰的眼光、感觉和能力。凭借几十年的经验和成功的市场操作，你掌握了自己的技艺。我恐怕远远不能满足你读者的需求。"

我们一边交换观点，博伊德一边忙着把书房里的箱子搬到泳池边。我下意识跟在他身后，帮他把一个又一个箱子从屋里搬到泳池边上。在我意识到之前，我们已经在泳池边堆了好多的箱子。我注意到这些箱子上都有编号，里面全装满了文件。眼下博伊德似乎已经没有在听我说话，于是我也就不继续说下去了。他打开每个箱子，快速浏览箱子顶部的文件，然后再接着打开下一个箱子。他把每个箱子都快速看了一遍，这才放心坐了下来。

"这些箱子有勾起你的回忆吗？"我问。博伊德点头回答："

是啊，这里有大量宝贵的知识。如果我在1930年代开始时就拥有我现在的知识，我可以做大量的事情。"他也不是说做得不够好，但跟所有人一样，总会有一种想法认为，如果能更早和更快地吸取一些教训，那么事情就会变得更好。

我开始变得非常紧张，他似乎不打算改变主意。他一心想让我接替他的工作，但我感到力不从心。我自认天生思维敏，但他是一个脑袋比我厉害太多的作手。他似乎感觉到了我的犹豫，说道："我读了你关于泰瑟股价操作的报告。我很欣赏你对那只股票与市场操作的坦率评价。公众常常被误导，以为使用技术、数学模型和其它千奇百怪的方法，就有机会获得卓越的回报率。"

"你的内容写得很简洁和真诚。我需要有人可以提供这样简单、直接和诚实的市场解读，且不受来自业内人士的任何报复威胁。任何人都可以提供一个看涨行情，使公众兴奋，可一个明确的看涨行情的出现几率只有30-40%。在一个十年的周期中，明确的看涨行情大约会出现三到四次。我专注于成为百里挑一的人物，可以在所述的牛市行情赚大钱，同时也可以在其余时间处于安全模式，不损失任何东西。几乎每个人都曾在某个时候在市场中赚过钱。这就是我们不断重返市场的原因。然而，很少有人能保住他们的利润，市场通常会收回全部，甚至更多。你需要一定的勇气才能正确解读和说明：不是每次股价回升都是牛市的开始。同样的，并非每次抛售都是熊市的开。"

我感觉，他是在那一刻说服了我。我一直都对市场炒作和媒体看法持怀疑态度。我经历了多个市场周期，深知市场愚弄大多数人的能耐，而且人类在市场中的正确概率其实很低。博伊德证实，他的方法与我的方法并没有太大的差异。他说："在进入市场时，我总是知道自己在对付的是一个狡猾且危险的存在。我更倾向于在进入市场时明确专注获胜的概率。"

"我是一个简单的人，喜欢简单的生活。我尽量简化一切，因为我讨厌混乱。一旦事情开始变得复杂，我就彻底糊涂了。因此，我明白了保持简单的重要性。我不能以任何其它方式操作。我对最新的数学模型、软件、概率模型、计量经济学等一窍不通。我想，如果这是成为一名成功投机者的条件，那为什么我没有看到众多数学家成为伟大的投机者呢？为什么经纪公司和研究机构要雇佣顶尖的数学家来开发和维护大量的数学模型？我是说，如果数学模型真的那么美好，为什么伟大的数学头脑在为经纪公司研究和建立模型，而不是在市场上成功交易？我想，这是一种经典的人类倾向，当一家经纪公司的研究部门挤满了科学家和数学天才时，其它经纪公司便会效仿，以免落后于找到战胜市场的神奇答案。"

"世上没有无懈可击的系统。如果有的话，市场将不复存，因为这种万无一失的系统会把市场给清除。一旦我们接受了这一事实，就能走上掌握市场的道路。只要我们还在寻找那个万无一失的系统，那么就会继续被市场打败。人们需要面对的第二点现实是：想要成为一名成功的投机者，所需要的只有领先股票和指数的价格/成交量指标。"

"我发现有各式各样战胜市场的前沿信号和方法，以诱骗轻信的公众。每个人都自称找到了战胜市场的神奇答案。世上没有绝对的事。市场以天才的方式给我们设下圈套，它偶尔会提供一些面包屑，这样我们就会不断返回寻求更多。每个交易系统在市场周期的某个时间点上都会奏效一小段时间。这就足以让轻信的公众在该系统上吊死自己了。当然了，没有人想听到这些，因为那就意味着他们必须接受无法找到致富捷径的事。谁不想要一条致富捷径呢？"

"我的方法很简单。正如我所说，我是一个简单的人。我让我的操作保持简单。如果没有什么很明显的东西浮现出来直视我，那么十有八九是市场试图用诱惑来陷害我。很多人没有意识到，在试图不断获得小幅收益的过程中，往往会损失更多的钱。大街上普通人所做的研究，没有机会超越最大的经纪公司、研究人员、基金经理和投资银行家等。这些实体有最杰出和最聪明的人为他们工作，他们的研究是最好的。"

"我做的研究无法超越那些大家伙，但我可以从他们买卖股票的方式看出他们的研究，我能清楚地在指数和个股价格和成交量指标中看到。对我而言，这就是我所需要的信息。我只是跟着大资金走，但为了达到这一点，我花了很多年的时间学。我获得的巨大收益证实了所有顶尖投机者都知道的事：关键就在于价格和成交量指标之中，市场中的其它东西全都毫无价。"

我插嘴说："博伊德，我同意你所说的，但你是如何说服你的读者，让他们相信价格/成交量指标就是一切？我发现当我简化问题时，人们总不相信事情会这么简单。他们宁愿相信来自依赖于炒作且未经证实服务的一堆行业术语，也不愿相信对市场简单、直接和诚实的评估。"

对此他回答："是的，我们人类想要相信市场成功的秘诀是艰深且复杂的，背后的理由很简单：成功太难了，所以它一定很复杂，不可能简单。因此，只要你的理论听起来复杂、方法花哨，并且利用很多长的单词和复杂的数学公式，人们就会立即把你视为一个市场天才，但我的读者心中有数，毕竟他们也不是菜鸟了。他们在顶尖研究人员和前沿模型上花费了数百万美元，但却损失更多，特别是在熊市期间。他们以艰难的方式吸取了我的第一个真正的规则，那就是——首先，不造成伤。

理解和意识到"不输就是赢"是需要天赋的。几乎没有人意识到这一点。因此，你在市场中几乎看不到持续成功的投机者。他们的确存在，但人数非常少，因为大多数人都没领悟到避免损失的概念。"

接着，我向他询问一种普遍持有的观点，即投资者需要高度关注盈利增长。我完全知道他会说什么，因为他把一切都归结到最基础的东西，但我还是问了博伊德："你会排除那些没有表现出盈利增长的股票吗？毕竟互联网泡沫让人们意识到，缺乏盈利是许多网络公司股票成为泡沫的原因。"

他会心笑了笑，回答说："你知道，对盈利的期望比实际盈利更为重要。盈利增长在很多情况下是一个滞后指标。很多时候，在一家新兴公司能够显示实际盈利之前，一波大的走势可能已经发生并结束了。股市是前瞻性的。价格走势因期望而发生，而非实际波动。对于新手和业余者来说，只关注盈利增长是很常见的。这正是业内人士希望公众关注的指标。毕竟，除非有大量买家购买业内人士的持股，否则他们是无法出售他们的持股的。"

"通常，等到盈利增长已经确定无疑时，最好的股票走势中已经过去了。这又回到了我之前的'大家伙所做的研究'课题。记住，他们有一支研究人员大军，早已预测和预见了所有需要预见的事。大资金的头寸建立是基于对未来的预期，而不是过去几个季度的盈利。在一个一切都以提前数月的预期行情和事件为基准的环境中，已经过去的季度收益还有什么意义呢？今天的新闻就是古老的历史。新闻是用来吓退和欺骗业余者们。从长远来看，新闻仅仅是对几周或几个月前股票走势的滞后确认。我关注的是盈利预期，而不是实际盈利的历史。正如我所说的，即使今天的新闻在市场上也已是古老历史。"

"我的读者们都具备常识，不可能会相信'普通人可以在研究中超越大机构'的说法。延伸一下思路，巨鲸们会把大量资金投入他们喜欢的股票，那我所需要做的仅仅是跟随这笔巨，这就等同于我在跟随这个国家最好的研究。没有比这更简单的方法在市场中获利了。追随大资金的价格/成交量指标，看看大佬们在做什么。价格/成交量指标告诉了我大资金在哪里买入、在哪里卖出，以及在哪里支持一只股票。"

"不过，这些大佬们也知道像我们这样的人会跟着他们的资金走。因此，他们会提供转移注意力的东西，并且经常制造'假动作'和震仓，以甩开我们。这是因为他们有聪明的脑袋，也会关注他们所持股票的价格/成交量走势。换句话说，他们看到的和我看到的是一样的，而这便是完善资金管理发挥作用的地方。与此同时，寻找确认信号将变得至关重要。这就是远离市场和进入市场同样重要的地方。从价格/成交量的角度来看，必然会有一些时间一切看起来都很糟糕。即使有些信号看起来不错，可市场行情也使其不可能成功，因为市场提供的胜算并不高。在这些的时期，在市场中保持沉静是非常重要的；坐待时机并观察市场走势是非常重要的。这对大多数人来说极度困难，因为总有人在炒作某只股票。对大多数人来说，静观其变且不为炒作所动是非常难的。"

"我希望你能接受我的提议，帮助我接手工作。我的读者都很聪明和经验丰富。他们人数并不多，我也不打算寻找更多的读者。这些都是跟了我很多年的少数客户。我这样做是为了感谢他们对我的忠诚与信任。他们不是在寻求指导，只是在寻求对市场的独立看法。他们只是想知道你看到的是不是跟他们看到的一样，他们在寻求确认。我对你的能力充满信心。如果你愿意的话，我很乐意和你一起度过接下来的几天，并为你介绍一些市场的基础知识。但，如果你对我要说的话感到不舒服，那我可以把这些箱子送给你。我确信这些箱子里记录的一些周期在未来会以某种形式重现。我所写下的笔记可能会有所帮。如果你决定接受我的提议，那么我们必须尽快开始合作。"

博伊德低调的风格有时也很有说服力。我依然不确定自己是否有能力写出我对市场的看法。我和所有人一样，有风光的时候，也有失意的时候。然而，我的好时光从来没有博伊德的那么好。更糟的是，我的坏时光总是比博伊德的更糟。虽然我关于泰瑟的报告现已公开，但我知道我的写作风格并不是最优秀的。我写作时习惯想到什么写什么，多是简洁零碎的句子。对于一些人来说，读懂似乎毫无关联的东西比我设想中的要。

我向博伊德解释了我写作风格的这一缺点。我是只老狗，如果我到现在都还没培养出一种出色的写作风格，那我肯定不会在我四十多岁的时候才突然开窍。我不希望他的读者在看到不同风格的写作时感到失望，特别是他们已经习惯了博伊德优雅的文笔。

博伊德回答说："别担心，你又不是在写文学作品，也没有人期望你这样做。我的读者期望的是一位知识渊博、真诚、诚实和直率的作者，最重要的是他能够独立公正地解读市场走。他们在寻找一个持续的鼓点，不断重复成功投机的完善原则。

在这方面，我们就跟孩子一样。我们需要不断被重复提醒完善的投机原则。人类的记忆是短暂的。如果不经常复习，我们就会忘记。如果我的读者真的想读文学作品，我相信市场上有许多伟大的作品可供他们免费使用。没有人在寻找屡获殊荣的写作。他们需要的是在熊市中减少损失，在牛市中扩大盈利的规则重复。"

他注意到我的犹豫，接着说道："你何不睡一晚好好考虑一下？把这些箱子带回家，阅读一下里面的笔记。利用周末的时间全方位考虑一下。和你的妻子商量一下，然后再做决定。如果你决定接手这份工作，那我想花几个小时和你复习一些简单的市场规则。我认为这会帮助你坚守我读者所倚重的的投机首要规则。"

就在那时，我意识到博伊德的洞察力和经验将告诉我一个成功投机者的天才秘诀。我问他，即使我不接受这份工作，他是否还愿意在接下来的几天里指导我他的市场操作。相比起他对市场的了解，我所懂的简直不值一提。他点头表示接受。

我们花了几分钟的时间讨论他的健康状况和不乐观的预，然后他便起身告诉我，他早上和我的会面该结束了，于是我们握手道别。上午十时左右，我开车回家，车上装满了博伊德的箱子。

我开车回家时陷入了沉思，我的心情非常沉重。那天上午发生的事情让我不知所措。我把车停在车库里，开始把箱子一个一个拖进我的办公室。我在家里有一间小型但高效的办公。把箱子内的文件全部取出来后，我的办公室顿时看起来像一个被塞满东西的壁橱。

根据标准普尔500指数（S&P500）近年的增益，我用了一个周末的时间回顾一些最好的年份和一些最差的年份。我上网下载了标准普尔500指数的数据。我从博伊德的箱子里拿出了相应年份的记录，并做了一些笔记。我饶有兴趣地注意到，在标准普尔500指数（S&P500）表现最好的年份，博伊德在市场上大赚了一笔。不过在最糟糕的年份，博伊德完全没有交，也没有任何损失。

那个周日晚上，我和妻子深入地谈了博伊德的情况，包括他糟糕的健康状况及他的提议。我需要一个我信任的人和非常了解我的人，给出一个客观、聪明和直观的反馈。

过了午夜，也早过了我睡觉的时间，我才做好决定。我走进办公室，给博伊德发了一封电邮，接受了代替他撰写股市评论的提议。我知道他起床第一件事就是查看电邮。当时时间太晚了，我不能给他打电话。我知道他想尽早得到我的答复，因此电子邮件是与他沟通的最佳方式。

很久以前，我就深知一瓶不响，半瓶晃荡的道理。在市场上，自吹自擂的人通常不是成功人士。真正成功的往往喜欢保持低调。博伊德便是最成功和默默无闻的作手之一。

我知道我将从一位专家身上学到很多关于成功投机的知。如何充分利用这些信息将取决于我个人。这些工具对我来说触手可及。如何约束自己及运用投机规则，这将决定我在市场中的成功，但我必须保持专注才能取得好的成果。保持专注和避免偏离轨道将是最大的挑战。

总结：

一般散户投机者的研究根本没有机会超越华尔街的庞大体系。在华尔街工作的人往往是最优秀、最聪明、受过教育、训练有素、最聪明和经验丰富的。因此，‘融入’这些最精明的人的最佳方式便是跟随他们的操作。他们是根据他们进行的所有详尽研究来操作的。通过领先指数与股票的价格和成交量走势，勤奋和有耐心的市场作手能够清楚地看到这种操作。一旦学会解读价格和成交量走势，他/她就已经走上了投机的成功道路。

第 2 章

投机可以学以致用吗？

隔天早上，我在阅读晨报时接到了博伊德的电话。他感谢我接受了他的提议，并且想立即开始着手工作。他的时间有限，不得不争分夺秒。他再次邀请我一起吃早餐。在接下来的几天里，他把早餐会变成了一件日常的事。在这些早餐会上，我从这个时代最成功的投机者之一的身上获得了知识的馈赠。与大多数极其成功的投机者一样，博伊德也是位艺术家。他掌握了真正的投机艺术。

那天早上，我问博伊德的第一个问题是，投机是否学得来。他回答说，投机是可以学习的，而且每个进入市场冒险的人都应该学习。如果没有具体和严格的投机规则，那人们在金融市场中寻求财富的努力注定会失败收场。我问他是如何学会投机艺术的，因为我知道投机是一门艺术，而不是科学。我还请他解释，新手们为何会把投机这门艺术错当科学来学习。博伊德说："科学依赖于已被证实的事实和定理，然后才得出确切的结论，可投机首先依赖于观察，然后基于所观察的事件去执行或操作，考虑的仅仅是结果的概率；而每个后续操作都是基于前一个操作的结果。在投机艺术中，没有什么是确定不变的。我花了多年的时间累积经验和从损失中学习，才终于明白投机是一门艺术。"

我请他再详细说明一下，因为我还是不太清楚他在说什。于是他接着说："让我们以科学举个例。牛顿观察到苹果从树上掉下来；然后他通过观察注意到，所有物体被抛向空中时，都会朝地面落下。在确认一切物体都会落回地面后，他得出了一个结论：地球有引力，物体会落回地面。他以科学的角度得出一个肯定的结论，那就是地球有引力。这就是科学，没人能反驳这一点。"

"然而，投机是一门艺术，它没有确定性。事实上，投机中存在着绝对的不确定性；对于一个成功的投机者来说，绝对的不确定性是唯一的确定性。因此，它不可能成为一门科学。如果它是科学，我们应该对其结果有着很大程度的确定性，但我们都知道情况并非如此。看看市场上所有专业人士的成绩单，你会发现在任意选择的年份中，只有10-15%的参与者会跑赢市场的平均水平。这意味着每年都会有85%的人被市场打。市场打败投机者的概率为85%，证明了成功的投机不是科，而是一门艺术。"

"如果一个人坚持说投机是一个科学过程，那他/她甚至在进入市场之前就已经输了。扼杀大多数交易帐户的罪魁祸首正是人们的思想。欲在投机中取得成功，首要的一步是接受它是一门艺术这一事实。如果你寻求的是科学规律和结果，那你应该坚持做学术和进行研究。科学家永远不应该执行交易，因为它只有两种结果：赢利交易或亏损交易。由于市场中有85%交易的回报是低于市场平均水平的，因此纯科学交易的获胜概率非常低。科学家应该比绝大多数人更能理解概率，在这样的胜算下，他/她绝对不会进行交易。"

"采取科学方法进入市场的最大缺陷是，如果做错了，它是没有保护措施的。科学方法的结果必然是具有确定性的。因，科学家的交易一旦出现错误并造成损失，它将没有任何弥补措施。换句话说，由于科学家非常确定交易的结果，所以如果交易开始出现亏损时，他/她绝对不会做出对冲交易来平仓。"

"投机者或艺术家会承认自己有可能是错的。如果他/她错了，则必须快速消除亏损头寸，并寻找正确的交易来执行。投机者会先观察市场和个股，看看是否可以找到明确的趋势。在观察到明确的趋势之前，他/她不会进行交易。"

我打断了博伊德的话，请他解释一下所谓的明确趋势指的是什么。当我看到趋势时，我可以辨别它；不过博伊德在解释事物方面有自己的一套，总是可以化繁为简。相比起来，我就较为不善言辞了。他在解释市场问题时表现自如，他说："趋势是指明显朝着一个方向移动的现象。上升趋势是正在向上移动的市场；下降趋势则是正在向下移动的市场。然而，市场并不会直线上升或下降。不过，在明确的上升趋势中，市场会稍微向上移动，然后回调，并向下移动一点；但其向下移动或回调的幅度小于第一次的向上移动。然后它又会向上移动。这一次，它向上移动到达的点，远高于上一次向上移动时的高点。然后它又回调，并再次向下移动。但，这次向下移动到达的点，要比上一次向下移动时的最低点高得多。本质上，我们看到的是一系列更高的高点和更高的低点。这就是一个明确的上升趋势。而下降趋势正好相反。一轮明确的下降趋势，指的是当市场或股票形成一系列更低的高点和更低的低点。"

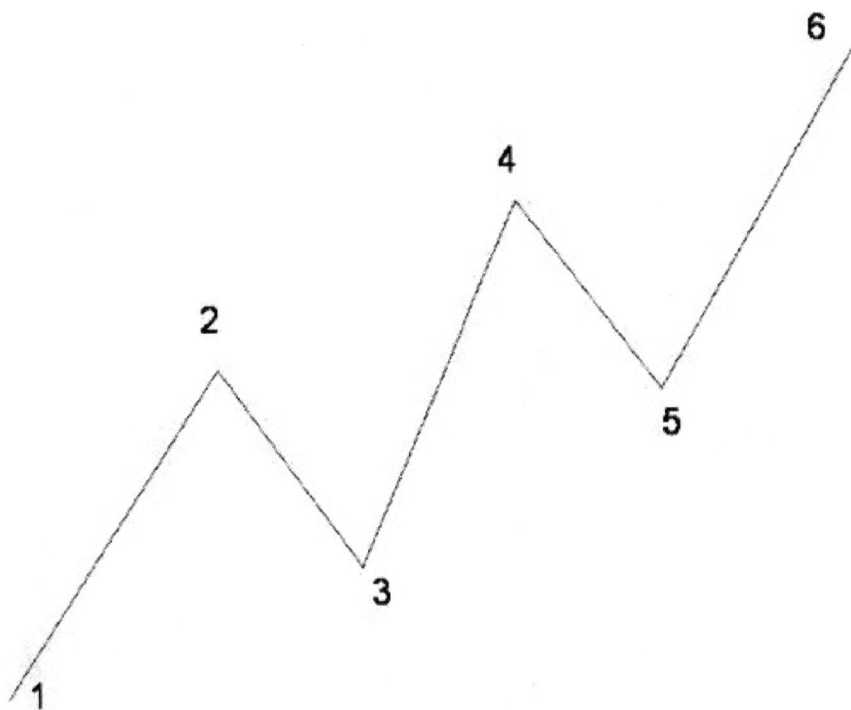

图 1.明确的上升趋势

1 = 最近低点

2 = 呈上升趋势的股票的最近高点

3 = 对应（2）高点的回调低点

4 = 新的更高高点，高于先前（2）的高点

5 =（4）最近高点之后的回调低点

6 = 新的更高高点

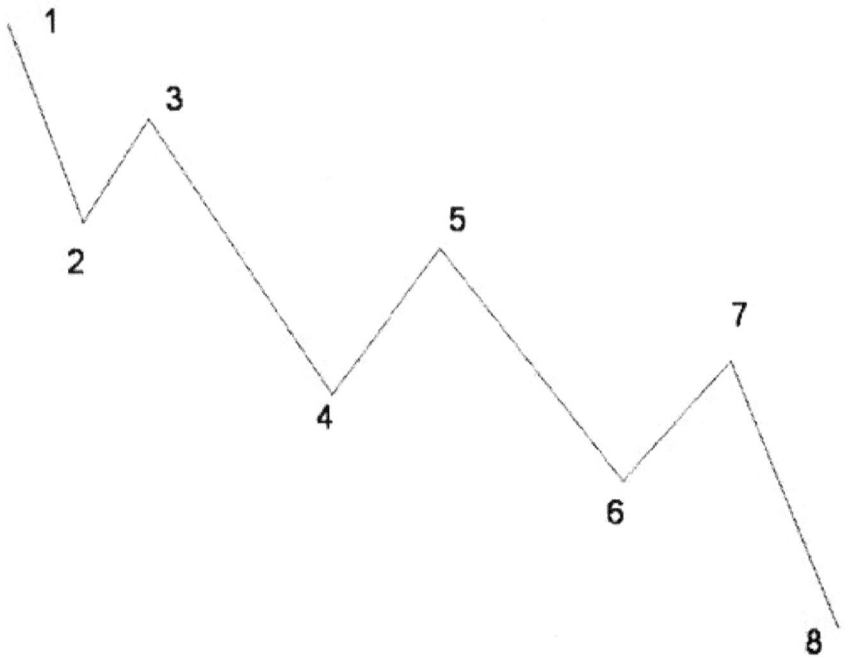

图 2.明确的下降趋势

1 = 最近高点

2 = 呈下降趋势的股票的最近低点

3 = 对应从（1）到（2）的下跌腿的反弹高点

4 = 新的更低低点，延续下降趋势

5 = 反弹高点，低于先前（3）的高点

6 = 形成新的更低低点

7 = 反弹高点，也是低于先前（5 ）的高点

8 = 下降趋势的延续

"进入市场的一般人甚至不知道自己扮演的是什么角色。他/她不知道自己是交易者、投资者、赌徒还是投机者。他/她很有可能从来没有花过一秒钟去弄清楚自己的个性，也从未花时间去了解他将如何应对市场及其陷阱。他/她是个赌徒吗？赌徒进行操作时不会考虑胜算。他/她是个投资者吗？根据定，投资者就是寻求有保证的投资回报率的人。由于股票市场不提供有保证的回报率，所以投资者在股票市场中没有立足之地。他/她是个交易者吗？如果是的话，那么他/她一定是那种为了几个黄牛点快进快出的人。同样的，由于任何人的胜算都不超过.500，所以交易者没有机会年复一年在每个周期保持盈利。不过，华尔街的体系总是以'投资者'和'交易者'的角度说话，这难道不令人惊讶吗？我从未听过华尔街说要吸引投机者。那是因为每个人都知道，投机者只有在胜算对他/她有利时才会进行操作。业内人士不能鼓励这种做法，因为这无助于他们在对的时间将股票卖给有意愿的买家。"

博伊德继续说道："在清楚地看到至少一组更高高点以确认上升趋势，或一组更低低点以确认下跌趋势前，投机者是不会进行操作的。我称它为上升之字形或下降之字形。我需要看到一个之字形才能证明一轮趋势的开始。一旦看到一个上升之字形或下降之字形，我们就完成了第一步，这正是投机者现在所观察到的。接着，第二步便是确定第一笔交易的时机。他/她不仅需要安排交易时机，还必须管理好自己的资金，以确保如果自己的观察出现错误解读，他/她也只会面临小额亏损。在这个早期阶段，投机者并不打算大赚一笔。他/她只是想确认自己是否与市场同步，所以他开始使用资金管理技术。在接下来的日子里，我将更深入谈论关于资金管理的话题。"

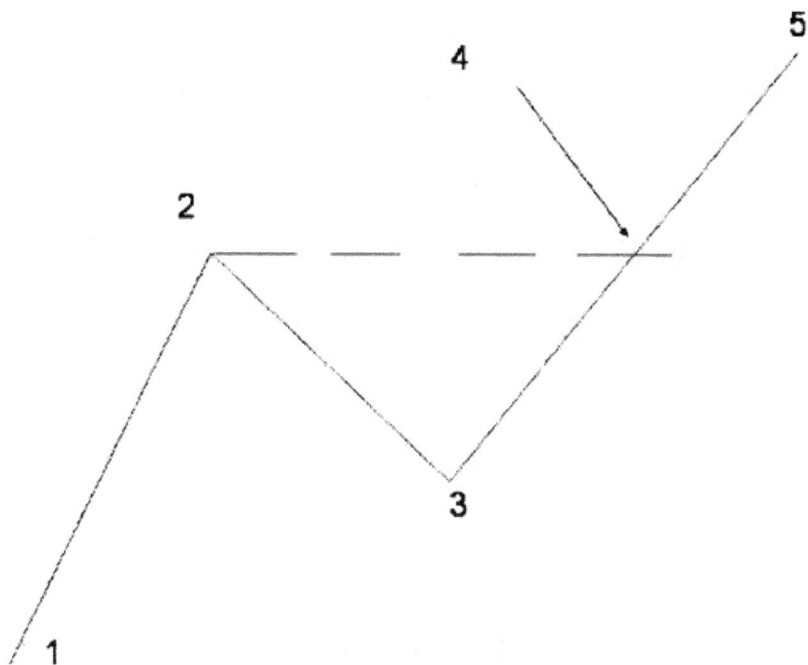

图 3. 呈潜在上升趋势的上升之字形

1 = 先前的上升趋势

2 = 最近高点

3 = 最近高点的回调低点

4 = 当价格突破（2）的高点时，一个潜在的新上升趋势可能
已经开始

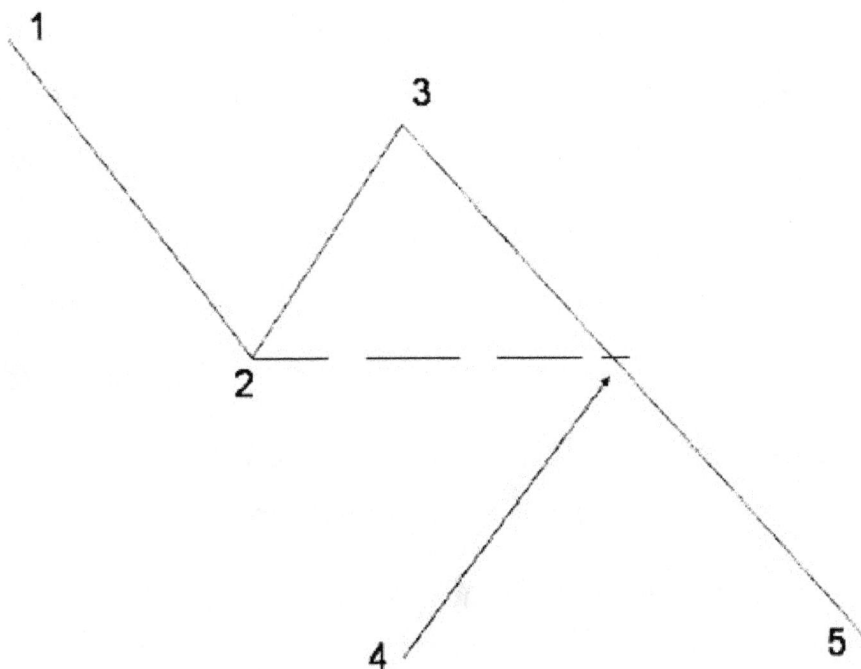

图 4. 呈潜在下降趋势的下降之字形

1 = 先前的下降趋势2 = 最近低点

3 = 最近低点的反弹高点

4 = 当价格向下刺穿（2）的新低时，一个潜在的新下降趋势

可能已经开始

"我希望你从今天的对话中学到的一点是，投机者首先将观察市场和股票的走势。观察后，他会解读所观察到的内容。一旦他解读了市场和股票的走势，他将会执行交易。不过，他在执行交易时始终会设置亏损保护措施，并接受'解读可能错误'的事实。等到他的第一次交易证明他的解读是正确时，他才会执行他的第二次交易。从那时起，之后的每次操作都完全基于前一交易的结果。是的，投机者的解读存在着一定程度的主观性。正如我所说，它是一门艺术，而不是科学。一旦他/她解读了市场和股票的走势，他就会进行交易。你应该早就知道，speculation（投机）一词来自拉丁语词根——speculari，意思是观察或窥探。观察和解读走势是第一步。我们会逐一复习每个步骤，但今天我有点累了，我们就到此为止吧。"

说完，他便站起来离开了。为了说明上升趋势和下降趋势，以及各自的之字形，他下意识地在一张纸上画了几条线。我拿起他画的那张纸，把它夹入我的记事本内。我想从博伊德的角度来看市场的运作，所以我非常仔细地做最详尽的笔记。

总结：

投机是一门艺术。投机包含三大步骤：观察、解读和行动。首先，投机者观察市场和领先股以寻找线索。然后，他/她解读所观察到的事件。一旦解读让他/她相信获胜的几率至少等于或大于失败的几率，他/她就会采取行动。投机者总是从市场寻找信号，而不是从人身上。成功的投机者以概率来决定行动，他的第二步是建立在第一步成功的基础上，而第三步则是建立在第二步成功的基础上，以此类推。

第 3 章

首先，不造成伤害

现代版《希波克拉底誓词》中有这样一句话："我将尽我所能预防疾病，因为预防胜于治疗。"

没有更好的方式可以解释'首先，不造成伤害'这条规则了。博伊德称这是他的口头禅。那天早上，又是一个灿烂的亚利桑那州冬日早晨，他心情愉快。他的快乐似乎感染了我，整个早上的课程我都在咧嘴微笑。

当天早上，在我们进一步讨论之前，博伊德说他想要做出一项免责声明。他说："我在这里讨论的都是对我有效的东，我不能说它对每个人都有效。这是我找到的唯一对我有效的方法。我的方法像极了自由民主，它是一套糟糕的系统，但它肯定胜过我见过和试过的所有其它系统。我的交易形式的美妙之处在于，它让我在熊市中远离麻烦，并且让我在牛市中有最佳机会大赢一笔。我把它归结为一个系统化的方法，通过这种方法，我并不需要多理性或聪明。我不需要破译复杂的公式或方法。一切都保持简单，纯粹因为我是一个简单的人。我讨厌复杂的东西。对我来说，一切都必须符合常识。"

"自古以来，投机者一直都存在。只要有可以自由交换商品、服务或某种形式的货币的市场，投机者就会存在。在早期成功的投机者之中，没有一个人需要依赖计算机推算出来的神奇公式，或需要学习新的数学。从基本层面来看，成功的投机从古至今都没有改变过。它仍然需要仔细观察市场的走势、清楚解读观察到的事件，以及采用依赖最佳胜算的谨慎资金管理技术来进行操作。"

我问他为什么称之为免责声明。他的回答是，人类是有趣的动物，他们无法花多年的时间从实践中学习。人们喜欢马上得到在市场中赚大钱的答案。大多数人会拒绝花时间、努力、精力和金钱去学习和意会一种成功的投机方法。在这一方面，人类很像青少年。他们太急于长大，以至于犯下各种愚蠢的错误。正如人们所说，'青春，给年轻人挥霍掉'。同样的，在市场中，新手也会挥霍掉谨慎和小心。

博伊德接着说道："人们永远不会听从经验丰富和成功的投

机者的警告，可他们会盲目地跟随和相信一个夸夸而谈的人所给出的看涨预测。如果有人站出来说，他/她预测道琼斯工业指数将在2007年达到 20000点，一大批读者会涌向他/她也不出奇。然后，每次市场稍有反弹时，他/她就会声称这是趋势的开始，道琼斯工业指数将一路攀升至20000点。工业指数能否达到这一数字根本无关紧要，他所要做的就是在每一次反弹时不断宣称这是真正走势的开始。轻信的公众将继续相信他的话，因为他们都不想错过即将到来的重大走势。然而，如果你提供的是一个显而易见的事实，即道琼斯指数要从目前的水平达到20000点，工业指数必须在两年内翻一倍，那么大多数人将会假装看不见。"

"街上的大多数服务都会告诉公众他们想听的内容。毕竟，我们当中有多少人愿意花钱去听我们认为不会发生的事情？又有多少人愿意花钱去听警告，甚至是坏消息呢？如果读者来到市场是为了寻找财富，他/她的脑中就已经形成了'市场会提供财富'的定论。他/她已经透露出，他/她有闲置资金希望好好运用，或者有资金想要用来冒险。一旦一个人已经认定市场是获得良好回酬的地方，他/她就已经证实自己的明显偏见，即相信价格会走高。试图说服那个人事实并非如此是莽撞的，因为那就意味着，他/她不得不在那已经确信的思想中，承认自己是错的。其次，他/她不得不承认，他/她所看到的财富获取方式是不可能实现的。"

"最重要的是，如何享受他/她将从市场中赚取的财富的计划现已破灭。这对任何人来说都是难以承受的。从心理学角度来讲，人们是几乎无法接受这一事实的。其结果是，他/她会积极地寻找那些同意其想法的服务，以便实现他/她在市场中致富的梦想。"

他继续说道："想象一下，你有100,000美元放在银行里。根据利率环境，假设收益率为2-4%。这是一个安全的2-4%，正慢慢流入你的账户。然后，你看到最常见的股票指数在一个月内就上涨了5%，另外，你还看到几只股票在一个月内上涨了10-30%。此时，你突然听到所有专家都在谈论我们即将迎来的大牛市。如今，大家都在讨论经济正在如何全速发展。你在媒体上看到和听到的全是炒作和宣传。互联网上到处都是专家。每个人都在给出自己对市场的看法。你听到的全是市场正在暴涨的消息，再加上几家公司卓越的盈利报告，突然你感到自愧不如，觉得自己像个傻瓜一样接受2-4%的年回报率。你心里想，错过如此丰厚的回报太蠢了。就这样，我的朋友，你将大祸临头。"

"如你所知，我经历了多个周期。我是在1929年大崩盘后开始进入股市的。唉，我的时机实在太糟糕了。我刚好在接近1929年顶部的位置进入市场，坐上电梯一路下跌了三年。当反应式牛市在1932年开始的时候，我身无分文，直到1936，我才赚了一点钱，也存了一点资金，我又准备再次进入市场了。接着猜猜发生了什么事？1936-1940年的熊市击中了我。到了40年代初，我彻底被击溃，但当时我学到的教训让我过上了非常舒适的生活，因为相比起我在市场中赚到的钱，我再也没有出现过大亏损。我能从市场中提取大量的财富，而还给市场的不过九牛一毛。然而，我是在30年代的那十年里经历重大损失后才吸取到教训的。我可以向你保证，没有人会吸取教训，除非他们输得精光。一旦你输得精光，就只剩下两条路可以走。大多数人会选择退出，再也不回来。极少数人会吸取那惨痛的教训，并在之后的周期把该教训转化为自己的优势。"

"我学到最有用的教训就是要依靠自己，而不是别人。我所观察到的、我所做的解读，以及我根据该解读所采取的行动，证明了我对市场有着一定的了解。唯一从未误导我的实体只有市场本身。我对市场的解读一直对多于错，而这便是成功的关键。"

我问博伊德，他的'首先，不造成伤害'规则是怎么来的。他说，他花了多年才弥补的亏损让他明白了一个道理：一年的亏损可能需要几十年才能弥补。如果一个人能够避免这种毁灭性的亏损，那么这场战从一开始就取得了胜利。作为例子，他算出了一些数字，然后说："假设我们有一个100,000美元的示例账户，可用于在市场中投机。如果该账户亏损了三分之一的价值，只剩下66,666美元，那么该账户必须赚回33,333美元才能实现盈亏平衡。这意味着，该账户必须用66,666美元赚取33,333美元，或实现50%的回报率，才能达到盈亏平衡。"

"一个账户因犯错亏损33%，要扭转并消除所有错误，同时还要做出一些极好的操作来实现50%的投资回报，你知道这是多么困难的一件事吗？事实上，通常情况会是，一个帐户在一年内亏损了三分之一，吸取了一些教训后，在下一年又继续亏损下去，只是第二年的亏损可能会小于上一年的33%。这是一个学习的过程。这个账户每一年会亏损越来越少，直到它开始赚钱，而且获取的都是小回报，之后才能渐渐赚取可观回报。正如我所说，这是一个漫长的学习过程。它需要数年的时间才能恢复到初始的账户资金。然而，如果一个账户只损失了5%，从100,000美元下跌到95,000美元，那么它只需用95,000美元投资赚取5,000美元即可恢复。达到盈亏平衡仅需略高于5%的收益。通过不亏损，我们就可以免去多年的折磨、辛劳、痛苦和不眠之夜。不亏损的价值等同于在市场中的多年学习。"

"大多数的人进入市场都将从亏损开始，我并不是说他们的第一笔交易会亏损，我指的是一个完整的周期。一个完整周期意味着一轮完整的上升趋势和一轮完整的下降趋势。大多数人经历第一个完整周期后的盈利将会是负数，前提是他们在该完整周期中能够周转得来/有流动资金。许多人在完成一个完整周期之前就已经输得精光了。偶尔，有新手会在开始时赚很多钱，但在周期结束时总会把钱全部还回去。"

"过了一两个周期，那些坚持、勇于尝试和研究市场，以及更重要的是，去了解市场运作的人，将学会开始赚取小额收。随着时间的推移、经验的累积、学习和自律，参与者最终将毕业成为投机者。接着，随着更多时间、经验、自律和耐心的累积——突然之间，投机者达到了投机大师的境界。经过多年的学习，投机大师开始明白市场的简单性和复杂性。他/她学会简化执行计划，并接受市场是非常复杂的事实。"

此时，我问了博伊德几个简单的问题。我说："你知道，我与公众打交道的经验是相当复杂的。他们要么喜欢我的坦率，要么讨厌它，没有中间值。我发现，当我简化市场走势并从获胜概率的角度来谈论问题时，他们要么理解，要么不理解，也是没有中间值。你是如何表达你对市场的看法，而不引起读者的不满的？"

博伊德一直微笑着，正如我所说，那天早上他的心情较为愉快。他喝了口咖啡，想了想回答说："我完全知道你在说什么。自30年代以来，我看到了一轮又一轮的繁荣与萧条周。与市场打交道跟与人打交道是一样的，因为市场只不过是人们相互买卖股票的地方，它是各式各样的人相互互动的总和。归根结底，观察市场就是在观察人，而其缺点是我并不善于与人交际。"

"然而，我有幸获得了正确观察和解读市场的天赋。等等，我收回那句话，应该说，我对的次数比错的次数多。在进入市场时，我总是清楚知道我对市场方向的解读可能是错误的。'我并不总是正确的'这个事实告诉我，聪明钱或最聪明的人并不总是赞同我的观点。这跟你刚刚说的'人们要么喜欢你的评论，要么讨厌它'是同样的道理。这就是市场，你要么是对，要么是错的。当你是对的时候，那些错的人不会以你的方式看待问题。当你是错的时候，那些对的人也不会以你的方式看待问题。所以，你无需对你的评论毁誉参半而感到惊讶。"

"股票的价格是由买家和卖家一起来决定的。买家之所以买入，是因为他们相信价格会上涨；卖家之所以卖出，是因为他们预计价格会下跌。显然只有一方是对的。不管在任何时候，买家和卖家都不可能在同一时间是对的。如果买家是对的，价格将会走高；如果卖家是对的，价格将会走低。市场是非常简单的，但我们人类试图寻找一个战胜市场的系统，导致事情变得复杂。反而，如果我们只专注于与市场同步，那么人生会容易得多。"

"我们试图寻找一个神奇的答案，以找到彩虹尽头的黄金。

我们试图在一周中的每一天，一年中的每一周，年复一年地寻找彩虹，但却忘了彩虹不是一周中的每一天都会出现。华尔街体系中的内幕提供者、看涨时事通讯、股票经纪人、谣言传播者、业内人士、业内人士的代理人等，所有人都各自工作且又相互配合，试图说服我们彩虹每天都会出现。我们必须等待彩虹的形成，这需要耐心和按兵不动的能力。"

"学习等待和按兵不动是最艰难的一课。对大多数人来说，等待合适的条件和确认胜算的提高是不可能的事。如果所有的人都决定不买，而是静观其变等待好时机，那华尔街将不复存在，它将分崩离析。一个纯粹资本主义的前沿体系是不能接受这一点的。不管当时的行情如何，该体系会不断地生成大量的无用信息、错误信息、虚假信息、炒作、谣言等，持续吸引源源不绝的买家。每天都有销售。经纪人行话中有句著名的'不存在的话'，没有一个经纪人会在任何时候对任何人说出'今天不要买，等待更好的时机'。这句话在华尔街中并不存在。"

博伊德能以一种独特的方式解释事物，我并不感到惊讶，因为他有那种天赋。于是，我决定进一步询问："我知道我无需教育你的读者，他们都跟你一样是聪明人，并且在这个领域呆了好一段时间，非常了解这个游戏，不如你建议我该把什么放在首位，这样我才不会错失重点。我不像你如此精通市场的把戏。在基础层面及在'首先，不造成伤害'的规则下，你能补充一些对我有用的具体观点吗？你非常了解我，也许你可以补充一些有助于让我更自律的东西。"

他想了一下，回答："我觉得你现在还是相当自律的。我唯一可以补充的是，你必须记住，股市不过是一场寻宝游戏。如果你能记住这一点，你将会目标明确，不偏离轨道。我的女儿还是个小女孩时，我首次用寻宝的例子向她解释市场的运作。我发现她至今依然记得当时的解释。在大多数人连趋势都不知道是什么的年纪，她就能够理解市场的运作方式了。"

"市场是一场寻宝游戏。所有玩家都会得到一组线索。碰巧的是，所有玩家得到的线索都是一样的。如果正确破译，第一组线索将把参与者带到第一个里程标，并提供第二组线索。接着，当第一个里程标上的线索被正确破译时，参与者便可以到达第二个里程标，那里将提供更多的线索。因此，能够一直正确找出线索的参与者，将从一个里程标去到下一个里程标，直到找到宝藏。破译线索的速度和正确程度将决定宝藏的赢家。在那些线索中，有些是转移注意力和误导玩家的假线索。同样的，能够识别这些误导性线索的玩家将最有机会获得宝藏。

"在众多玩家之中，有一小部分非常聪明的玩家可以毫不费力地正确解读线索。他们将正确地破译通往宝藏的每一条线，同时他们也将能够无视那些误导性线索。这些聪明人将是第一批寻得宝藏的人，他们被称作为'聪明钱'。然后，有另小部分玩家将正确地破译大部分线索，当他们无法破译棘手的线索或误导性的线索时，他们就会追随那些把一切都做对的'聪明。

由于这第二组玩家会跟随'聪明钱'，因此'聪明钱'会试图制造一些'假动作'和震仓来误导他们的追随者。这个宝藏库很大，大多数早到的人都会分到足够的财富。很多人永远不会到达那；有的人会迟到；而'聪明钱'总会先到达那里。许多'聪明钱'的追随者也会到达那里，尽管会比'聪明钱'稍微慢一步。"

"市场也是一样。'聪明钱'首先识别出趋势并采取行动。接着，一小组跟随者会成功跟随'聪明钱'，第二个识别出趋势。剩下大多数人将错过趋势中最好的部分，而许多人会姗姗来，只会在漫长游戏结束时争个你死我亡。"

"一个人在市场中面临的最大问题是需要等待以确认趋势。最常见和代价最大的错误是，稍有反弹迹象就马上跳入市场。为了做第一个识别趋势的人，许多人都在争先恐后的人群中被压垮了。耐心的人会等待众多错误趋势的结束，等到真正的趋势开始时才采取行动。为了试图成为第一个识别趋势的人，很多人已经亏损了很多钱。"

"你吸引我的一点是，你有勇气按兵不动，也不为市场抛给我们的每个陷阱和诱惑所动。这是一门失传的艺术，我们这些老手很少有人在身边提醒年轻人市场的危险。每个人都宣称这是一个新的市场，因此新的策略和模型更为适用。这样的话，从我十几岁起都不知听过多少遍了。每个市场周期都会迎来这些新的市场策略，这些策略宣传能够战胜全新的市场，但市场从来就没有改变过，因为当涉及到金钱时，人类的情感永远不会改变。市场上从来没有什么新东西，每一种技巧和方法都曾以某种形式被人试过。"

"我更加确信你很适合我的读者，因为你会如所见般直言不讳。他们是否同意你并不重要，他们想要的是你对市场观察的诚实和坦率解读，他们所寻求的是一个投机者对市场的看法。他们可以通过自己在市场中的试买或试卖来确认你的解读是否正确。如果他们的第一个头寸赚了钱，那么市场就会证明该解读是正确的。"

我们继续讨论了市场的一些基础知识，然后博伊德便结束了当天早上的讨论。我收好笔记回家。对我而言，接下来的几天是漫长但非常值得的，而那天仅仅是个开始。

总结：

首先，不要亏损。不要试图成为第一个识别趋势的人。大多数初步信号都是错误的。等待确认信号才进行任何操作。在市场中前行就如同一场寻宝游戏。

第 4 章

心有疑虑时，按兵不动

我开始每天在日记里记下一位投机大师指导的所有规则和教训。我和博伊德开完早餐会回家后，便会立即拿出我做的笔记，并开始在笔记本电脑上打字。我深知，如果我不把它记录到我的电脑上，我将无法完全看懂博伊德说话时我匆忙记下的杂乱笔记。如果我没有及时扩展这些想法并放入我的电脑，我担心我的短暂记忆会丢失我得到的重要信息。

我很清楚，我写下的大部分内容可能对很多人来说仍然不合理。毕竟，市场体系早已对公众洗脑，让他们寻找廉价股票、快钱、快速回报、捷径和优越感。此营销体系的天才之处在，它暗示新手、甚至是自称专业人士的人说，他们是很聪明的。由于他们很聪明，所以会参加所有涉及晦涩难懂的行话和数学模型和课程。然后，轻信的人们就会相信，懂得使用长词和听起来很聪明的行话，便能以某种方式战胜市场。我们人类都愿意相信自己比大多数人更聪明。

营销体系的目的就是满足我们自我感觉聪明的需要。一旦我们相信自己比普通人更聪明 (因为我们精通晦涩难懂的行话), 据说就会走上通往财富的道路。当然了, 在这没有终点的旅途中, 有人会向我们销售更多的尖端工具, 以帮助我们更好地战胜市场。如同待宰羔羊, 我们盲目地相信这些高超的推销技术。进入市场的普通人如没有任何经验或不了解庞大华尔街体系的运作, 他们不可能战胜市场。

我知道我不是最聪明的人, 但我从自己在股票和大宗商品市场的多年经验中意识到, 我足够聪明, 可以掌握该游戏。我已经看清市场的大局和整体运作。我现在知道了, 市场永远是对的, 因此, 要想在市场中取得成功, 除了观察并解读市场走势的能力之外, 我真的不需要其它任何东西。我在不知不觉中成了一个投机者。我甚至不知道这种转变是何时发生的, 大概是经历了多年的亏损之后才逐渐发生的。只有在博伊德给出'投机者'这词的定义时, 我才意识到自己是一个投机者。正如人们所说, "只有同样的人才最了解彼此。"

对于入场时间, 我现在已经到了一个极度挑剔的地步, 我可以连续等好几个月都不进行交易。现在, 我可以很轻松地无视经纪人、内幕提供者和谣言传播者的电话，他们会大肆炒作继思科（Cisco）、家得宝（Home Depot）或泰瑟（Taser）之后的下一件'热门大事'。我会放弃所有这些'千载难逢'的机，好让其他不幸的人去赚大钱。我更感兴趣的是不亏损，我不介意错过我原本就不会买的股票，我怎么能失去我不拥有的东西呢？另一方面，我讨厌在我被迫买入的股票上亏损。由于我只会在找不到不买入的理由时才会买入，所以我在下单时会非常谨慎。

这让我想起了博伊德那周教的第二个规则。他把该规则称作为'心存疑虑，按兵不动'。这听起来很简单，但我却经历了多年的巨大亏损后才办到这一点。我从博伊德的交易日记中得知（他在日记里记录了他执行的每一笔交易），他是在30年代经历了十多年的亏损后才领悟到这一重要教训的。

市场中没用的和不重要的信息比有用的信息多，它充满了用来转移注意力的'红鲱鱼'。正如我们所知，红鲱鱼被用于扔在主干道外，以迷惑猎狗。在这个星球上，没有什么工作比在股市中追逐财富会接触到更多的无用、虚假和误导性信息。不过当然了，大多数人都不明白这一点，因为正如我们前面提到的，我们都喜欢感觉自己知道得比别人多；我们都很聪明，比市场聪明得多。那种比普通人知道得更多的感觉，每时每刻都受到华尔街体系的鼓励，于是我们开始坚定地相信该感觉。

我问博伊德："我听到人们宣称，我们是无法看准市场时机的，所以应该花多年进行全面投资，以赚取股票市场收益。你对此有何看法？"

他回答说："我无法接受这种无稽之谈。假设我在多个牛市和熊市周期中一直持有股票，即使我全心全意操作几十年，若非十分幸运，我也很难确保盈亏平衡。市场体系希望普通人在牛市和熊市中都不断买入股票，因为该体系的存在是为了卖出股票。如果找不到买家，该机器将不复存在，这是不可接受。因此，'市场时机是不能预测'的洗脑仍在继续。"

"虽然不太可能追上重大趋势的绝对底部和顶部，但我绝对能抓住重大走势的主要部分。在这类重大趋势期间，获胜的几率大大提高，我的试买会向我证明这类几率提高的到来。一旦证明几率真的提高了，接下来我就可以认真地和有意地在市场进行更大的交易。我不断沿着上涨趋势调整我的卖出止损点，并随着股价向上移动该股。这样一来，当趋势持续的可能性开始降低时，我的卖出止损点迟早会开始被触发，并把我带出市场。通常，在市场走势结束之前，胜率会开始降低。我或许捕捉不到顶部，但正如我所说，我能抓住一波重大走势中间的财富就很满意了。仅仅因为绝大多数人无法办到这一点，并不意味着它是不可能实现的。它需要纪律和系统性方法。"

"另一个要点是，记住我们老手说的话——不要让希望成为思想的主宰。仅仅因为一个人希望市场上涨，不代表就该认定市场真的正在上涨。不要去看不存在的东西；去寻找确认信。当没有确认信号且对趋势有疑虑时，请按兵不动。市场是提供错误信号的天才。在我看到指数与领先的年轻成长股确认了某个趋势之前，我很难让自己去进行小规模的测试性交易。我只能从指数和领先股中获取信号。如果我不能得到确认，那么我就会认定市场在施展手段。"

总结：

不要让希望主宰思想。不要试图去找不存在的东西。你有可用资金投入市场的事实，并不意味着市场已准备好为你提供盈利的机会。

第 5 章

如何投机

投机由三个部分所组成：观察、解读和行动。博伊德对每一部分的讲解都是如此简单，以至于很难理解为何大多数人不能在投机中取得成功。不过，这个想法很快就过去了，因为我意识到我们身为人都具有的缺陷，正是导致我们在市场上亏损的主要原因，占了超过90%。

观察指的是观察市场上发生的一些基本情况，基本上可归结为寻找趋势变化或行情变化的迹象。当一个人不身处市场'中'时，他/她便是在坐等'入'场。如何判断趋势已变，是时候入场了？首先，我们必须总是从市场'外'开始着手，没有人在来到市场时就已经身处市场内了。除了一些继承了大笔遗产的少数幸运者，我们大多数人都是出于自己的意愿进入市场的，但随着我们进入市场，我们已迈出第一步，与某个经纪公司设立了一个交易账户。

在第一次决定买还是不买之前，我们必须问自己一些基本问题，其中包括帐户分成什么类型？它是保证金账户吗？如果是的话，它在什么时间点使用保证金买入？帐户是否会从一开始就使用保证金？或者，我们可以坚持哪些交易可以使用保证金资金吗？这是至关重要的，因为我们不能从一开始就使用保证金资金。如果没有打好基础，借贷（保证金资金是从经纪人借来的资金）可能是马上杀死一个账户的首个罪魁祸首。从现实的角度来看，保证金是不该被利用的，直到/除非一个人可以接受使用保证金的潜在亏损，因为它会迅速扩大亏损。在考虑开设账户之前，我们应该先花几分钟的时间和经纪公司谈，以了解有关保证金规则的详细信息。

在开设的账户中，账户持有人最好拥有完全权限来确定哪些交易可以使用保证金资金。一些经纪公司不允许账户持有人指定哪些交易可以使用保证金。最后，他们用保证金资金进行每笔交易（对于可以使用保证金交易的股票）。这种与经纪公司合作的方式是危险的。一切关于账户的决策都应由账户持有人自己来决定。

设立交易账户后，经纪公司的工作就是向我们推销他们的每一项服务。如果交易频率较高，他们将提供特价；他们将提供'深入研究'和'市场大师对市场的看法'；他们还将提供'指。

突然之间，我们获得的'帮助'就超出了我们的想像。我们是每个人最好的朋友，并获得各式各样的'免费东西'。

博伊德总是说，他必须与经纪人和市场业内人士保持一定距离。为了办到这一点，他会拒绝所有业内人士的意见。任何与'他有可能告诉我持有现金吗？'这一想法有丝毫冲突的人，就是业内人士。如果某人不能告诉我们按兵不动和保留我们的资金，那么他/她很可能是业内人士。这是一种简单的过滤方式。如果某人不能直截了当告诉我们："现在没有什么好股票可买，请等待更好的行情"，那么我们就该提高警惕，这样的人可能是业内人士，他/她与我们之间很可能存在巨大的利益冲突。博伊德建立了一套简单的系统，以远离噪音。他从不看电视或股票报告、从不听评级或分析师的话，且从不关注别人说什么，他只注意领先的股票和市场指数。如前所述，他的观点是："只有市场是唯一永远正确的"。其他人大多数时候都是错的，只是偶尔会正确。

与经纪人开设账户，并不代表必须立即采取行动。事实上，一个人在开始时应该先花一段时间观察市场，图表的观察是最好的。有些人认为图表毫无作用，而有些人则极度仰赖图表。跟生活中的所有事物一样，其真正用途介于这两个极端之间。

图表的唯一重要性在于，它展示了市场和股票近期的表现。它帮助我们辨认指数或股票是在上涨、下跌还是原地踏步。观察是投机的第一个步骤。为了观察当前的行情，一个人必须查看图表，看看指数和股票在几周前、几月前和几年前的位置。如果在日线图和周线图上都可以看到某迹象，那观察到的东西实际发生的可能性就更高。如果某迹象在日线图上可见，但在周线图看不见，那么我们需要更多的数据来了解实际情况。如果迹象不清楚，那么我们就假设没什么事情值得我们把资金投入市场中。

关于趋势的变化，博伊德从简单的基础知识开始说起。除非明确反转，否则趋势依然存在。举个例子，如果市场正处于上升趋势，那么除非有信号确认反转，否则它将继续处于上升趋势。同样的，如果市场正处于下降趋势，那么除非有信号确认反转，否则它将继续处于下降趋势。如果市场正处于无趋势的状态，则假定它一直无趋势，直到有迹象确认趋势的形成。

市场形成趋势需要一点时间；趋势反转也需要一点时间。市场中的一切都需要时间。学习需要时间。盈利需要时间，就连损失惨重也需要时间，因为市场偶尔会提供一些蝇头小利，以消除恐惧，并且灌输希望、贪婪和过度自信的情绪。灭顶之灾只有在一些小的、显著但可承受的打击之后才会出现。

为了观察到趋势的变化，几个基本事件必须成立。为了不让事情太复杂，我们将假设我们正试图观察一个趋势的变化——

——从当前的下降趋势反转到一个新的上升趋势。我们知道，下降趋势是一系列更低的高点和更低的低点。因此，第一个迹象将是从最近低点的反弹。相信每一次最近低点的反弹都是一轮新的牛市，以及相信每一次最近低点的反弹都可能是趋势变化的第一个迹象，这两者之间只有一线之差。

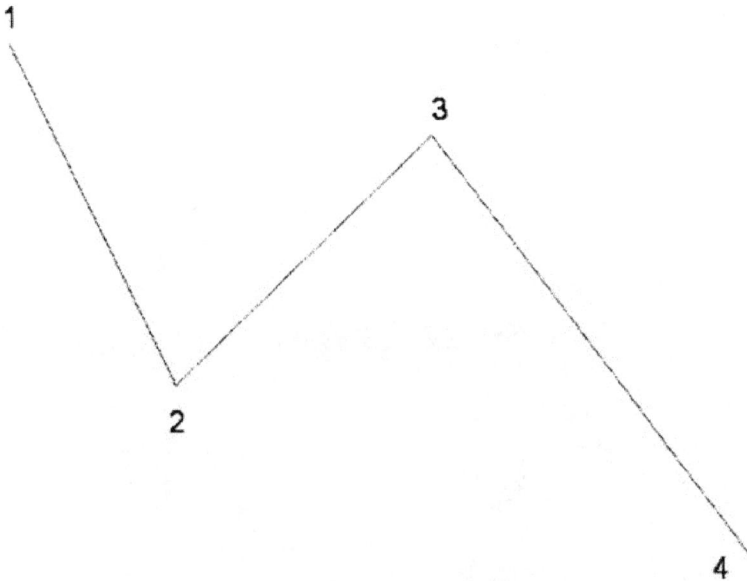

图 5a. 一个呈下降趋势的市场

1 = 先前的下降趋势

2 = 最近低点

3 = 最近低点的反弹高点

4 = 新的更低低点

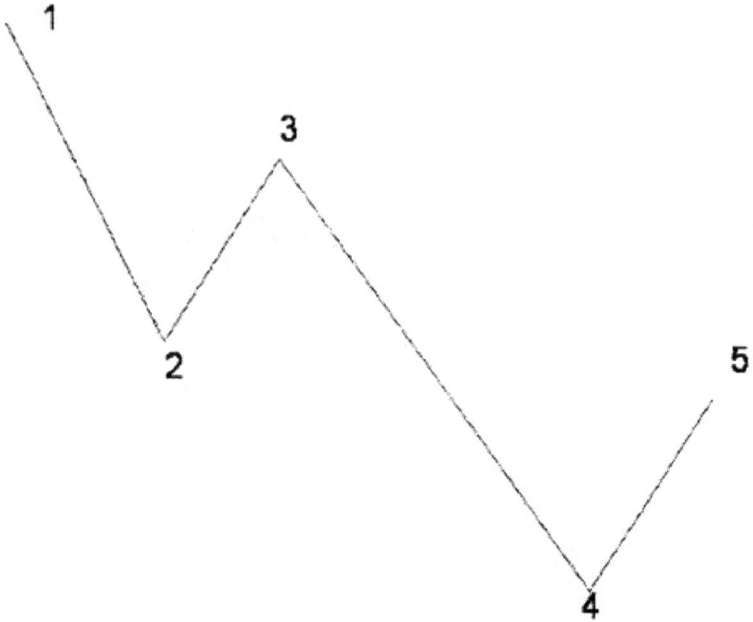

图 5b. 不一定会发生的潜在趋势变化

1 = 先前的下降趋势

2 = 最近低点

3 = 最近低点的反弹高点

4 = 新的更低低点

5 =（4）后的反弹

　　很明显，图5a是个处于下降趋势的市场。我们假设图5a可

能接近市场下降趋势的尾声。我们之前讨论过，不是每次的最

近低点反弹都是牛市趋势。我们还提到，虽然不接受每次反弹都是上涨的开始，但我们还是必须开始观察市场和其它确认迹象，才能看到真正的趋势变化。接着，让我们看看图5b。（4）后的低点反弹可能是新趋势的开始，但尚待证明。在（4）确定几天后，让我们假设指数现处于图5b中的（5）。除了知道有几天的反弹之外，我们在这个时间点上知道的并不多。

但既然我们正在观察，所以我们这边关注的是创出新高的股票，特别是历史新高。由于在任何已确认的反弹中，真正的领头羊是那些创出历史新高的新成长股，因此我们必须关注那些新的、年轻的和未知的成长股，以看清局面。

在我关于泰瑟股价的报告——《完美的股票》中，我已经深入地描述了华尔街业内人士的工作方式。不过正如我之前所说，令人遗憾的是，许多读者都错过了该信息。市场的大走势发生于新的和年轻的前沿公司，这些公司有巨大的潜在收益增长和预期收益增长。在公司的资产负债表上出现实际收益之，走势就差不多已经全面展开了。很多时候，股价会在公司盈利增长接近峰值的时候到达顶部。这是因为市场是前瞻性的，所有东西都会提前几个月，甚至几年体现出来。

另外，我还展示了投资银行家、承销商以及其他业内团体的运作方式，即股票在已确认的市场上涨趋势中是如何被推高的。再一次，这个信息并没有被读者所吸收，可能也是因为我身为作家的不足。不过，我要表达的重点是，当股票上市时，业内人士是股票的大股东。他们不能在股票上市初期或接近首次公开募股（IPO）日期时出售大量股票。股票必须先被操作和不断拉高价格，以符合业内人士必须进行的大量抛售。如果业内人士开始大量卖出股票，那股价很容易被压低，大型业内人士出售股票的价格很低，股票没有机会完全分配给广大的持有者。股票必须由内部人士操作，好让股价上下波动，以帮助将股票分配给一个庞大和多样化的持股者群体身上，这样一来，就没有一组持股者可以掌控公司。这是一个漫长和费劲的过程，通常需要很多年才能达成。我试图说明的重点是，这种成功的股票操作很少发生。在市场数以百计的IPO中，只有少数几家公司能做出一波稳健的操作。

不过一般来说，一只趋势股的大走势总是在相对较短的时间内发生。一旦真正的走势开始，业内人士将确保它在市场的主要趋势改变之前充分发挥作用。在大多数情况下，一只股票的真正走势会在大盘的一个上升周期内开始、持续和结束。

因此，为了确认一个潜在反弹正开始令趋势真正改变，唯一的方法就是开始观察新的年轻成长型公司创出的历史新高。既然我们知道，内部人士只有在一个确认的市场上升周期中，才能将一只股票操作到上涨趋势的最佳部分，因此我们可以有把握地说，如果没有一批新的年轻成长股大幅上涨，那新一轮上升周期在大盘中持续的可能性就非常低。

讨论到这里，博伊德告诉我，他想先说明一下关于趋势潜在变化的大盘基础知识，然后在接下来的几天里，他将说明个股显示的确认信号。他补充说，个股将确认大盘真正主要趋势的开始，正如它们将确认大盘真正上升趋势的结束一样。他表示，龙头个股将确认市场的主要趋势。他告诉我，这种简单性将在接下来的几天里变得清晰。

在我们继续看图5c之前，博伊德告诉我图5b是至关重要。他表示，我们在（4）和（5）之间的部分所观察到的情况非常重要。如果在这段时间内有来自个股的确认，那么在可预见的未来，我们已经看到市场低点的可能性正在增加。不过他，我需要再等一天才能探讨个股，因为大盘指数中还有一些内容要涵盖。

在图5c中，博伊德添加了一些信息，对图5b进行补充。该指数从（4）反弹到（6）的位置。然后，在（6）达到近期高点后，市场回调至（7）的位置。但是相对于（4）的前低，（7）是一个更高低点。于是，第一个更高低点确认了。这是一个重要的信号，表明市场可能已经从下降趋势转变为上升趋势。博伊德接着在图5c中为图5b添加了一条额外的线段，从（7）到（8）。他说，当（8）的位置稍高于（6）时（如图5c所示），则代表现在有明显迹象表明趋势确实发生了变。他说从（4）开始，我们就看到了一组完整的更高高点和更高低点。相对于（4），（7）是更高低点。当（8）向上突破（6）时，我们也已看到一个更高高点。一组完整的更高高点和更高低点已经形成，因此表明趋势发生了变化。

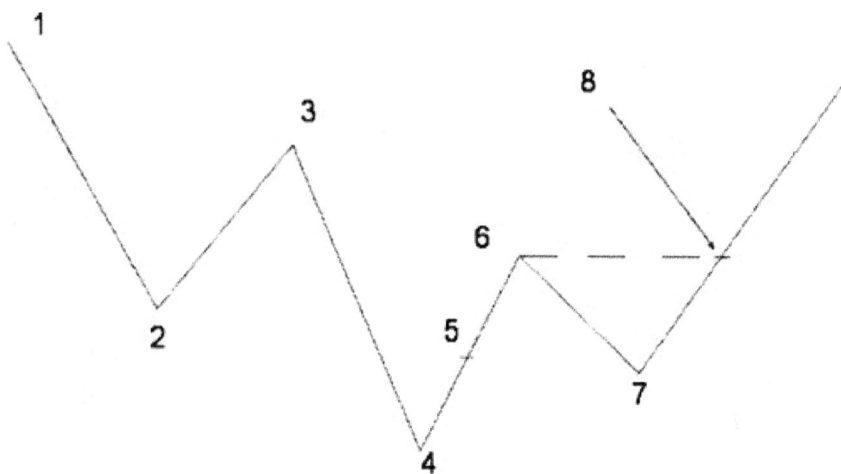

图 5c. 趋势变化

1 = 先前的下降趋势

2 = 最近低点

3 = 最近低点的反弹高点

4 = 新的更低低点

5 = 最近低点的反弹

6 = 最近反弹期间的高点

7 = 对最近反弹的向下回调，但这个低点高于先前（4）的低点

8 = 当价格突破（6）的前一高点时，则表明新的趋势变化

　　紧接着，博伊德又画了图5d，并说最后这张图证实了一个完整的上升趋势正在进行中。接着他补充说，这是潜在趋势变化的一个极度简化版本。然而，如果一个人知道自己在寻找什么，那他/她完全有可能在（4）和（5）之间的部分看到改善的行情。这就是个股发挥作用的地方。

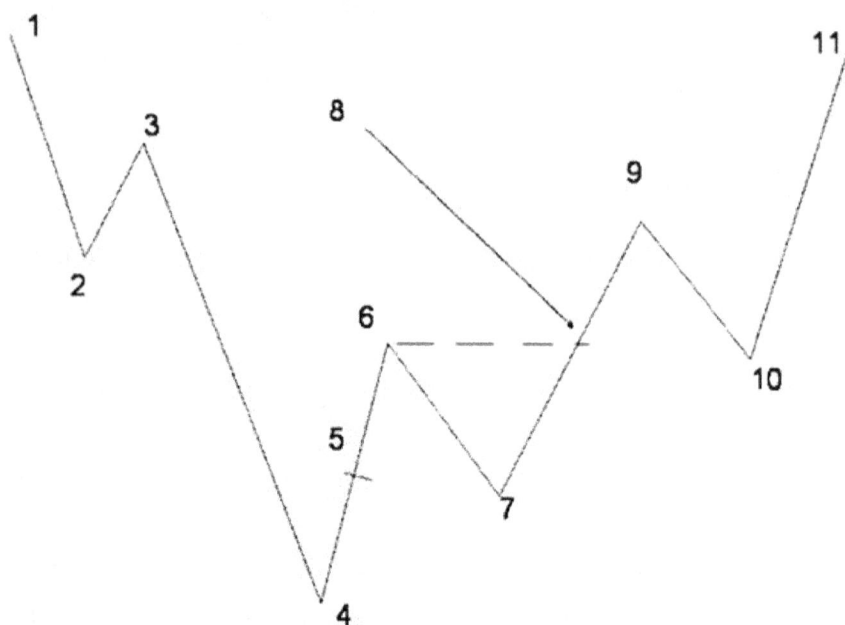

5d. 趋势变化已得到确认

1 = 先前的下降趋势

2 = 最近低点

3 = 最近低点的反弹高点

4 = 新的更低低点

5 = 最近低点的反弹

6 = 最近反弹期间的高点

7 = 对最近反弹的向下回调，但这个低点高于先前（4）的低点

8 = 当价格突破（6）的前一高点时，则表明新的趋势变化

9 = 一个更高高点，高于先前（6）的高点位置

10 = 一个更高低点，高于先前（7）的低点位置

11 = 一个新的更高高点，延续上升趋势

总结：

不是每次反弹都是上升趋势的开始，但在每一次的反弹中，我们必须对一个新的上升趋势开始的可能性持开放态度。我们必须开始从创出历史新高的新成长股中寻找确认信号。

第 6 章

确认一切

我一次又一次地意识到，市场愚弄我们人类的能力是很强的。博伊德过去常说，市场在大多数时候都在愚弄所有人。试图预测市场走势的做法是有缺陷的，它就跟试图预测自己的未来一样。大约三分之一的市场预测者，有三分之一的时候是正确的。即使他们碰巧在方向上是正确的，接下来他们也会在时机上犯错。预测是在市场中运作的一种糟糕方式，而大多数人都这么做。他们试图预测，并为此付出惨重的代价。

成功的投机者会解读，不会预测。我们讨论了如何以大盘指数走势对趋势变化进行解读。然而，我们还是必须确认市场中的一切，因为市场中有太多的红鲱鱼了。如果我们回到最初的图5b，并看一下（5），我们会发现我们正处于市场有可能改变趋势的时刻。在图5b中的（5），市场从最近的低点反弹了几天。在日线图和周线图上，最后的低点位置并没有被打破。

在这个时间点，我们开始从个股中寻找确认信号。

然而，在我们开始研究个股之前，我们必须了解一些基本知识。跟所有市场参与者一样，我们只对价格即将上涨的股票感兴趣。在我关于泰瑟的报告——《完美的股票》中，我已经花了很大的篇幅证明买入创下历史新高的股票是正确的。如今我意识到，也许我的解释太冗长了，所以我请博伊德解释，在已确认的市场上升趋势中，股票是如何不断创下新高的。果不其然，他的解释更为简单明了。

他说，任何新的已确认市场上升趋势中，必然有一批新的未知年轻成长股在引领市场。每个周期都有新的领先股。这跟运动队没什么两样，在上一代伟大球员开始放慢脚步后，新一代的年轻球员就会将比赛推向新的高度。在工业革命早期，带动市场上涨的是钢铁和铁路；然后是汽车和重型机器...飞机和相关产业...广播、电视和相关技术...电脑...软件...互联网和相关技术，这中间还有医疗技术和药品；而下一轮重要牛市也将有一批新的领先股，总是需要一批新的领先股去带领市场前进。

我打断他说："但你说人们应该现实一点，在市场的任何10年周期中，不该期望出现超过3或4个可交易的已确认上升趋势。这难道不是意味着会有一大段的不活跃期吗？在这样的时期，你在关注并等待采取行动的新年轻成长股会发生什么变化？"

博伊德喝了口咖啡，花了一秒钟时间整理思路，很随意地解释说："我是那种总是持怀疑态度看待市场的人。首先，我假设每次反弹都是虚假的。在这一假设被个股推翻之前，我不会相信该反弹的强度。针对你的回答，是的，在任何10年周期中，只有在3至4个上升趋势才有可能赚大钱。在等待期，这些新的年轻成长股正在蓄势待发，该准备过程需要很长的时间。对大多数人来说，等待这样的周期来做出认真和大规模的交易是很难的。但是，如果人们花时间回顾自己过去做过的交易和最近10年的表现，他们会发现，超过80%的人在市场上都亏了钱。任何人都可以有表现良好和幸运的一年，那不是什么考验。对于一个成功投机者来说，真正考验是他在10年时间里的表现。如果一个人有胆量挖掘出自己10年的表现进行分析，那么他/她会很轻易地意识到，亏掉的钱远比赚到的。"

"在休息的时候，我总是随身带着图表，并寻找下一只潜力股。在任何一个特定时刻，我可能在观察几十只不同的股票，但认真关注的只有5到10只股。我知道我在寻找什么，我可以辨别出一只赢利股。我有多成功，取决于我在波动速度最快和幅度最大的时段如何最有效地设置委托和交易赢利股。过去这些年来，我试过持有正确的股票，但却因严重的震仓和'假动作'而无法有效地交易它们。在其它时间，我能够非常有效地交易超级赢利股。总体而言，我的目标是在任何10年周期中抓住少数的几次重大走势。我对我的女儿说，如果我的资金在十年内翻倍了四、五次，而且我没有把一大部分归还给市场，那么我就算成功了。举个例子，如果我的初始资金是100,000美元，在10年周期中的三个不同上升趋势周期，我的钱只翻倍了3次，然后在其余时间里，我从来没有亏损过，那么我的100,000美元将变成800,000美元，这对于一个10年周期来说相当不错。假设我在两个10年周期内达到同样的表现，那么该100,000美元将变成6,400,000美元。"

""我的理念很简单。第一个前提是股市是非常棘手的，超过80%的参与者将长期亏损。如果我要和一只打败80%对手的猛兽打交道，那么我只对大钱感兴趣。换句话说，如果我要冒着在市场上亏损的风险，那我最好只专注于赚大钱。否则的话，何必要拿我的钱去冒险赢一点蝇头小利，或者更糟糕的，去承担亏损呢？"

"第二个前提是，只有在年轻的和不知名的成长股上才能赚大钱。通用汽车（General Motors）、国际商业机器公司（IBM）、沃尔玛（Walmart）、思科（Cisco）、微软（Microsoft）等老尖兵，已经成为具有大量流通股的成熟股，比较适合养老基金和其他相信自己能够通过稳定公司抵御市场波动的人。他们并不知道，一次熊市就能抹去所有多年辛苦赚取的收益。不过，每个人都不一样，每个人进入市场的态度和目标也都不一样。"

"第三个前提是，我所关注的潜在赢利股必须通过其价格/成交量走势向我表明，它有上涨的能力。如果我是一个运动俱乐部老板，除非我看到运动员在小联盟一直表现良好，而且他/她的平均水平确实在不断提高，不然我为何要付给他/她这么多钱？如果我看不到这种改善或上涨的能力，我就对该股票不感兴趣。这就是我所说的过去上涨趋势。没有过去的上涨趋，一只股票什么也证明不了。"

"数以千计只股票在上涨和下跌，我该如何缩小范围找出下一只赢利股呢？首先，我只从那些10至15年历史或更年轻的股票下手。换句话说，我对已经上市15年以上的股票不感兴趣。正如我所说，新的年轻成长型公司才能赚大钱。如果一只股票已经超过15年，那么它已经有机会在先前的牛市中形成大的运动。如果一只股票在先前的牛市已有过大的运动，那么我要想抓住其速度最快和幅度最大的上涨趋势，可能已经晚了一步。

"然后，我关注的股票必须接近其历史最高点。有些人寻找创52周新高的股票，但我不这么做。我需要看到一只股票接近其历史最高点。我的意图首先是关注尽可能少的股票，这意味着我必须将潜在赢利股的数量减少到人类可控制的水平。为了办到这一点，我必须设置一些限制和参数。因此，我使用的所有参数都只有一个目标，那就是将我关注的股票数量减少到几个。毕竟，我们一开始的目标就是在任何给定的10年周期中找出几只明显的超级赢利股。"

"我记得我在某处提到过，股市中的一切都需要时间。大赚或大亏都需要时间。一只股票在运动之前需要时间来准备。在其准备过程中，它往往会提供许多虚假信号。它可能提供了真正运动已经开始的信号，但却逆转回到其平稳或准备阶段。这将考验投机者的耐心。由于投机者等待的是6至12个月期间中的一个明确阶段，即股票将以最快的速度上涨且涨幅最大，所以他/她只对清晰可见的趋势感兴趣，在这种趋势中，股票会呈现一系列更高高点和更高低点。在任何股票的生命周期中，这样的波动通常只会出现一次。在此期间，一只股票在其初始价格上翻很多倍是是相当常见的。"

"你写了一本很好的书，描述泰瑟在12个月内上涨7000%的事，它解释了股市中一些最重要的教训。但我想你应该会很失望，因为你书中的教训只会被真正的投机者所认可。大众将完全错过这些教训。这只证明了一点，真正成功的投机者在市场上是沉默且几乎不存在的少数人。由于市场上真正投机者的数量极少，恐怕你的书不会像那本把股市吹捧为自车轮发明以来最伟大的东西的普通书那样畅销。"

"简单来说，我喜欢看到股票用上多个月，甚至几年，来准备它的运动。横向平稳形态越长，以及低调且不被注意的准备时间越长，真正运动开始时的运动速度就会越快，幅度也会越大。我可以告诉你，大众并没有耐心等待准备阶段结束，这就是他们犯下大错的地方。他们会相信,从一个价格区间到另一个价格区间的每次突破,都是一波新走势的开始。要解释这一点,我必须退一步,解释一下什么是突破。"

"你会发现,许多随处可见的服务宣称他们知道什么是突破股及其走势。不幸的是,没有人能向读者履行承诺。华尔街体系暗示我们说,当股票突破时,大多数都会有不错的上涨。这种暗示要么是天真的,要么是故意误导。不管是什么情况,这都是一个错误的前提。首先,我们必须明确定义什么是突破。突破指的仅仅是股票或指数突破一个交易区间,并进入另一个交易区间,仅此而已,没有什么更深入的含义。人们广泛相,突破是上升趋势的开始。这样的假设、宣称或暗示是愚蠢的。在每个上升趋势的某个时间点都会发生突破,这并不意味着每次突破都是上升趋势的开始。每个伟大的大联盟球员都是从小联盟开始的,但这并不意味着每个小联盟球员都能成为伟大的球员。"

"上升趋势是一系列更高高点和更高低点。处于上升趋势中的股票,在上升时会出现一些休整的盘整阶段。一旦休整结,股票会恢复上升趋势。在这种情况下,我们可以说,休整阶段后的突破开始了一个新的上升趋势。对我来说,只有这种确认并延续上升趋势的极少数罕见突破,才是真正的突破。"

在任何一年，看到500只或更多的股票突破新高并不稀。在好的年份，这个数字甚至可能翻倍，即超过1000只股票突破新高。在这种突破的时间点上，每只股票在突破的那一刻都看起来很好，但这些都是52周高点。我只对创历史新高的股票感兴趣，而且我只对已经处于上升趋势的股票感兴趣。这意味着，我只对股价已经在上涨并处于历史新高价格区间的新年轻成长型公司感兴趣。

"简而言之，我要找的是那些已经处于长横向平稳形态多年的股票。这是准备阶段，准备阶段的时间越长，当走势真正开始时，一波大运动出现的几率就越高。然后，股票必须创下历史新高，并在几周和几个月内显示出价格上涨的趋势。通常情况下，我只关注那些在最近52周内股价从低点到高点翻了一倍的股票。换句话说，如果我查看一只股票的52周最低点和最高点，其最高点必须至少最低点的两倍。此外，在上升趋势或博弈阶段，我必须见到至少一个休整阶段。正如我所说，博弈只有在长时间的准备后才开始。"

"另外，我还添加了一个额外要求。在四周或更短的时间，股价必须从上次突破的高点至少上涨20%或更多。这'四周内

20%的波动'必须是在股票没有回到盘整价格区域的情况下发生的。我把这只股票称为我的'20/4运动股'——代表说它在4周内上涨了20%或更多，且没有回到平稳或盘整价格区域。"

此时，博伊德拿出他的笔记本，画了一个图形，如下面图6所示。在图上，他指出了长长的平稳或准备阶段。然后，他指出了博弈阶段开始的先前上升趋势阶段。他还标记了第一个休整期或盘整阶段。在盘整区的顶部，他指出20/4类型的走，并称这种类型的股票为他的'20/4运动股'。跟往常一样，我拿起他画的图，放入我专放笔记的文件夹。毫无意外，博伊德的图在解释术语时，总是非常简单易懂和天才。我看了一眼图6，发现博伊德在那天早上所解释的一切都很容易理解。

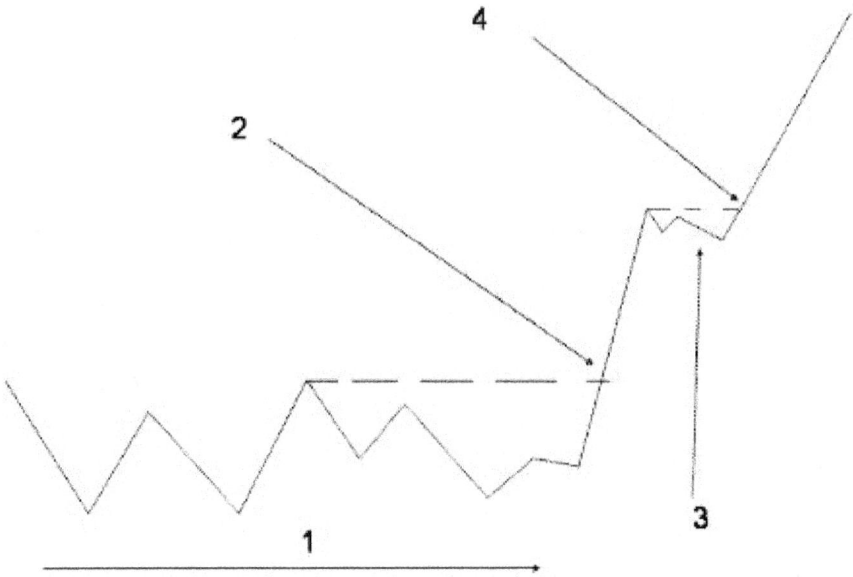

图 6. 典型的 20/4 型股票走势

1 = 持续数月或数年的长平稳阶段

2 = 价格的历史新高确认

3 = 休整或盘整阶段

4 = 从（4）开始，突破至新的高点，在4周内做出20%或更大幅度的运动

那天早上，博伊德的大脑以惊人的速度运转。正如我所说，那天他很愉快，如果我不是早就知道实情，很容易就会忘记他已时日无多。他一如往常的敏锐。我决定充分利用这一天，因为我意识到，这样美好的日子对他来说已经剩不多了，我可能再也没机会与他共度这样的一天了。因此，从上午到下午的上

课时间，我都没有打断过他的话。我们挤出时间吃了一顿简单的午餐，然后继续讨论与市场确认信号有关的课题。

博伊德轻松地继续说下去，因为他实在太擅于表达。他做事得心应手，我完全可以想象到，他在执行交易时表现出的冷静、沉着、客观和精明的神态。

他说："虽然第一只股票出现20/4型的走势是个好兆头，但我通常会先等待，直到我看到至少两只来自两个不同行业的此类股票，向我表明是时候在市场试水温。我在这里还没有真正谈到成交量的重要性，我会把这一点保留到后面讲。当我已经看到至少两只符合我要求的20/4型股票，我便会做出决定：是时候用小规模的试买来测试市场了。小规模的试买是指在市场上的测试购买，以确认我所看到、观察和解读的现象是正确的。如果我确实是正确的，那么我的测试购买或试买理应一开始就获得收益，而不会跌破我的买入价。为了确认我是对的，我需要执行另一项操作，那就是卖出止损规则。这项操作经常被人们讨论，相关文章也很多，并且得到交易者和投机者的广泛遵循。有些人用得很成功，有些人却用得很失败，但至少交易者和投机者都遵循了某种形式的卖出止损，这比那些没有卖出止损规则的赌徒和投资者要好。"

"我认为你在泰瑟报告中对卖出止损规则的解释已经很好了，

我相信在你已经涵盖的内容上已经没什么好补充的了。卖出止损的基本用意有两个。第一个目标是保护我们的资金。你在你的书中说明了这一点，其他人在市场上的许多书籍中也都有所阐述。第二个更重要的目标是证明我是错的。当我的几个卖出止损都被触发时，则意味着市场在告诉我一个信息：我对市场和股票方向的解读是错误的。"

"回到我的20/4型股票，只要一只股票出现20/4型的走势，我就会在我的买入价设置一个卖出止损。因此，如果一只股票在突破后的4周内上涨了20%或更多，然后反转并回到我的买入价，那么我就会全部卖出。我这样做是因为，如果市场处于上升趋势，那么20/4型股票回到买入价的可能性其实非常低。正如我所说，卖出止损是为了帮助我证实我对市场方向的看法是否正确。另一方面，在突破至新高后的4周内运动了20%或更多的股票，通常才刚开始它们真正的大运动。这些股票是市场趋势的真正指标或确认股。此外，从心理学角度来说，我一直在自我灌输概念说：20/4型股票永远不会给我带来损失。如此一来，我对此类股票就有了某种内在亲和力。"

博伊德接着谈论这个话题时，我决定把当天的笔记分成两半。我意识到那天有大量信息向我涌来，我不希望失去注意力，错失博伊德课程中的一些细节。我决定向他要求休息几分钟，让我整理一下我的思绪，也整理一下我的笔记。

总结：

确认市场趋势的总是新的年轻不知名成长型公司。通常，对于个股来说，建立一波真正的走势需要很长的时间。寻找最近10至15 年内上市的股票；然后，寻找那些已经横盘了数月或数年的股票，即正处于所谓的准备阶段。一旦被关注的股票进入历史最高价区，我们必须确认其52周高点是52周低点的至少两倍。这让投机者可以排除真正大赢利股之外的所有股票。一旦一只股票进入新的历史价格区，我们就要等待它在突破盘整区域后的四周内上涨20%。这就是所谓的20/4型股票。到了这个阶段，我们应该坐直身子，开始注意市场和个股了。现在是时候考虑重返市场了。

第 7 章

成交量就是一切

博伊德说过，股票成交量提供的信号几乎就是一切。我很清楚股票和大盘指数的价格和成交量的重要性。然而，博伊德在提到成交量时看我的眼神告诉我，这其中的知识比大多数人所知道的要多。因此，我请他详细说明一下成交量的基础知识。

博伊德说："当大多数人听到我谈论成交量的重要性时，他们通常都摸不着头脑。他们经常忽视成交量的重要性，或不知道如何在图表上观察成交量。对我来说，成交量是至关重要的。当我看到一只股票的图表时，我可以马上了解该股票在其潜在走势中的位置。对我来说，关注成交量绝对是极为重要的。成交量乍看之下很简单，但诀窍是要保持警惕和勤勉，免得被错误的信号所迷惑。"

"即使是对经验丰富的投机者来说，'看到不存在的东西'也是最常见和最昂贵的错误。'看到不存在的东西'，很容易使一个人合理化自己的立场。渴望正确使人们产生偏见，只看到他们想看到的东西。然后，希望成了思想的主宰。对特定走势的渴望会让人们看到不存在的东西。我经常在评论中写道，市场就好比海市蜃楼。一个人渴到一定程度，有沙子的地方也会看到水。当一个人看到不存在的东西时，他/她就像在沙漠中迷路的不幸灵魂一样，最终会去吃沙子，而不是喝水。"

"在观察个股图表上的成交量时，我总是从周线图开始。一旦我在周线图上看到了什么，我就会在日线图和月线图上确认信号。如果在日线图、周线图和月线图上都能看到同样的信，那么我看到的很可能就是正在发生的事情，而我'看到不存在的东西'的几率就会变得相当低。"

"然而，成交量总是相对的。如果一只股票每周平均交易100万股，然后价格突然大幅上涨至新高，同时在价格上涨的同一周内，成交量明显跃升至500万股或更多，对我来说，很明显就是发生了一些事情，导致人们对这只股票的兴趣增加。成交量激增必须是明确的和毫无疑问的。与此同时，一只已经处于上涨趋势的股票，在成交量激增的同时还必须出现明显的股价激涨。看到这样的信号，我们就要坐直身子，注意该股票了。然而，仅仅出现这样的价格和成交量并不意味着什么。我们之前谈到的新潜在赢利股的所有其它要素都必须符合。股价必须达到或接近历史高点。它必须是一只年轻的股票，上市时间不超过10至15年。股票的52周最高价必须是52周最低价的至少两倍。在周线图上，股价上涨时的成交量也必须明显增。上述条件缺一不可，不完整的条件并不能让我有足够的信心去试水温。"

"一个几乎可以肯定的股票上涨信号会出现在周线图上。我们将清楚地看到，价格随着成交量的增加而上涨，回调或盘整的成交量会等于或低于平均值。这是个好兆头。"

"然而，解读价格和成交量的走势需要独到的眼光。学习在图表上阅读这些信号的艺术，非常像在看X光片。它需要一些时间、实践和大量的经验。最终，我们能够看一下图表，在几秒钟内辨别出许多显眼的特性，就像放射科医生快速看一眼X光片，就能立刻解读出一些清晰可见的迹象。一旦看到最初的迹象，此时就需要进一步的谨慎分析了。"

"有时我在评论中告诉读者说，对股市走势的解读是很难解释的。通常，我能识别并看到即将到来的走势，但我很难解释为什么我能识别它。这就好比言论自由中对体面的定义。什么是冒犯性语言？这很难解释，但当我们听到时就能认出它来"

我又一次拿起他正在画草图的那张纸。我将博伊德草草画下的粗略草图复制为图7。我可以清楚地看到漫长的盘整期上无趣的低成交量。除此之外，随着该股进入有史以来的新价格高地，我看到博伊德如何指出成交量的增加。最后在某个点，随着股票进入新的价格高点，周成交量也随之激增，明显远高于该股票记录的任何先前成交量高点。我注意到他随手写了几句话："理想情况下，这是我喜欢看到的股票。这只股票会让我坐直身子并开始关注。我所展示的是一个跨越数年时间的周线图。"

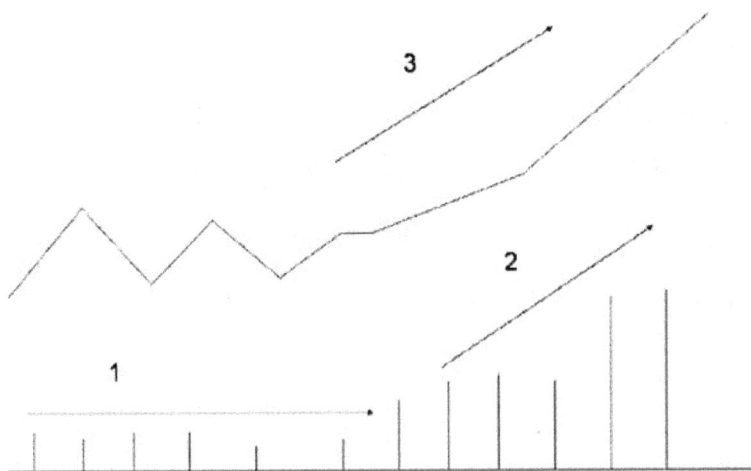

图 7. 理想的价格/成交量走势

1 = 长平稳阶段，成交量低

2 = 成交量上升

3 = 价格随着成交量上升而上涨

我饶有兴趣地注意到，他在图上写下了一句话："我可能要等好多个月才能看到这样的走势，但这种等待通常是值得的"

大约就在这时，博伊德看了看手表，发现已经快傍晚了。过了漫长的一天，他决定停下来休息。我收拾好笔记，带着些许忧虑回家，因为我深怕找不到一种简单但完整的方式来记下当天的课程。我决定在我的笔记中加入一些图表，以展示潜在赢利股的典型价格和成交量。为了简化课题，我决定在上完所有课程后，在最后复制这些带注释的图表。

总结：

价格和成交量走势应该是互补的。对于正在和即将发生的走势，成交量伴随价格的方式必须是毫无疑问的。解读一只股票的图表需要时间、经验、反复实践和独到的眼光。一个人需要三到四年的持续练习，才能掌握在股票图表上看出东西的技能。

第 8 章

只在真正突破买入

第二天早上吃早餐时，博伊德显得异常低调和闷闷不乐，仿佛他已筋疲力尽，因为他努力向大众展示胜利之道，但却几乎没有人听。对我来说，大多数人不能遵循博伊德所述的成功规则的原因很明显，即它需要勤奋、耐心、谨慎和坚持，才能在股市的雷区中前行。广大公众想要立即采取行动并取得成果。我们是一个追求即时满足的民族，如果我们看不到即时结果，则意味着方法有缺陷。市场充斥着大量免费的'战胜市场'工具、公式、软件、承诺和大师等，他们渴望抓住轻信的大众，并提供最好的快速致富计划，以至于公众不想要通过久经考验、真正持续获胜的计划和操作来取得市场成功。许多事后检验结果和模型投资组合还宣称，每一年都有高达三位数的丰厚收益。普通人在市场上是没有机会取得成功的，毕竟他/她一眨眼，都有那么多的秃鹰从他/她的账户叼走一块肉。

市场为所有交易系统提供了足够的面包屑，让容易受骗的人返回寻找更多的碎屑，而在这个过程中，市场将从他们身上取走一大块。这些小碎屑足以让那些容易受骗的人相信，只要他们能找到下一个大的赢利股，他们的系统就有机会让他们赚大钱。然而，在一个10年的周期中，大的赢利股只会出现3至4次，容易受骗的人从来没有考虑过这一点。为了能够在这样的赢利股出现时成功交易，计划必须是安全的，并且在行情不好时不会亏损。要想在同个交易实践的框架下实现两个截然相反的目标，我们必须制定一个在牛市和熊市中都能很好运作的计划。

该计划必须自动运行，以消除'人为因素'，并只允许'获胜因素'发展壮大。除了遵循博伊德所遵循的规则，没有其它办法可以实现这种微妙的平衡。他的一整套规则中并没有什么新的东西。然而，没有任何活人能像博伊德那样实施和说明获胜的规则。许多知名和不知名的伟大人物都遵循和执行了这些规则，从市场中赚取了数百万美元。不知名的伟大人物可能比知名的更杰出。知名的伟大作手包括但不限于詹姆斯·基恩（James Keene）、利弗莫尔（Livermore）、巴鲁克(Baruch)、约翰·盖茨（John Gates）、拉塞尔·塞奇（Russell

Sage）和达瓦斯（Darvas）；而博伊德便是众多不知名的伟大人物之一。

整体规则听起来很简单——远离糟糕的市场，并全力投资于良好的市场，但问题就出在计划的执行上。许多人都制定了伟大的计划，可只有少数人能够贯彻所制定好的天才计划。在市场中交易也是如此。好听的话很多，到处都是媒体和'大师'的陈词滥调和箴言；天才执行计划时表现出的谦逊，倒是非常罕见。

'突破'这一术语，既有负面报导，也有正面报导。负面报，往往源自于人们误用了其定义，且不知如何实施真正的制胜计划；而正面报导，则源自于那些主要提供了事后检验和事后宣称能够致胜的人们。无论哪种情况，问题都是一样的：过多的媒体关注，而媒体总是只报导极端例子。最艰难的工作是在没有人注意的时候完成的。媒体只在最后面才会出现。

博伊德给出了'突破'的简单定义。突破仅仅是指股票或指数从一个价格区间移动到另一个价格区间。在最简单的层面上，它没有提供有关市场大盘方向或股票趋势的任何线索。举个例子，让我们看看图8a。在这种情况下，股票价格显示了一波突破运动，但没有迹象表明，形成这一突破走势的股票正处于任何一种趋势。不管股市大好或大坏，每一年都会有数千个这样的突破。

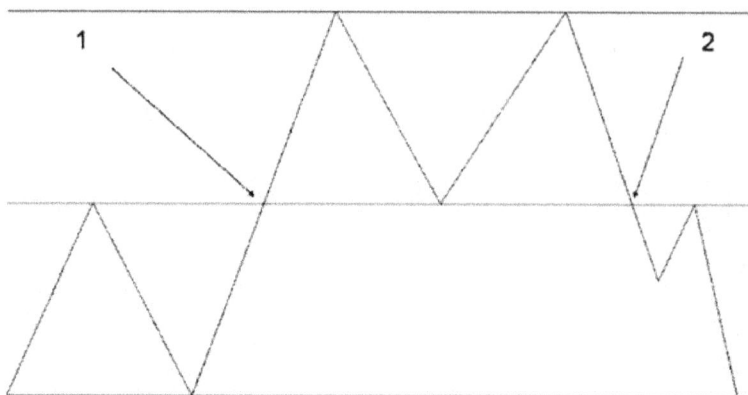

图 8a. 任何老式突破

1 = 从一个价格区间突破到更高的价格区间

2 = 回到原本的较低价格区间

另一方面，让我们来看一看图8b。这里，我们看到一只股票建立了多年的长横向平稳期。然后，它突然醒来并开始向上运动。在上升了一段时间（以周和月为单位）后，它再次回到平稳阶段。不过，这第二个平稳结构很短（以周为单位）。此后，该股向上突破，进入一个更高的价格区间。

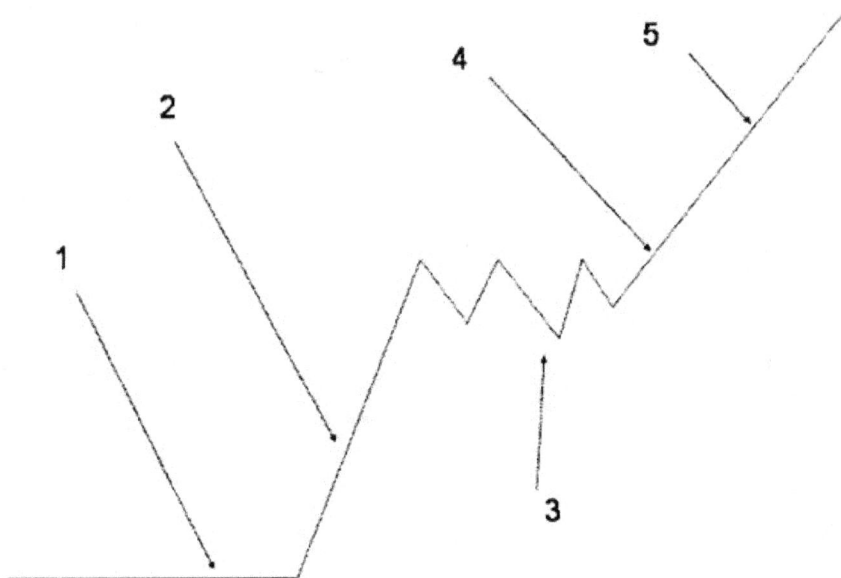

图 8b. 真正的突破

1 = 长的横向平稳阶段

2 = 强劲的上升趋势，开始创下新的价格高点

3 = 休整或盘整阶段

4 = 突破至新的历史高价区间

5 = 休整或盘整阶段之后，现在恢复持续上升趋势

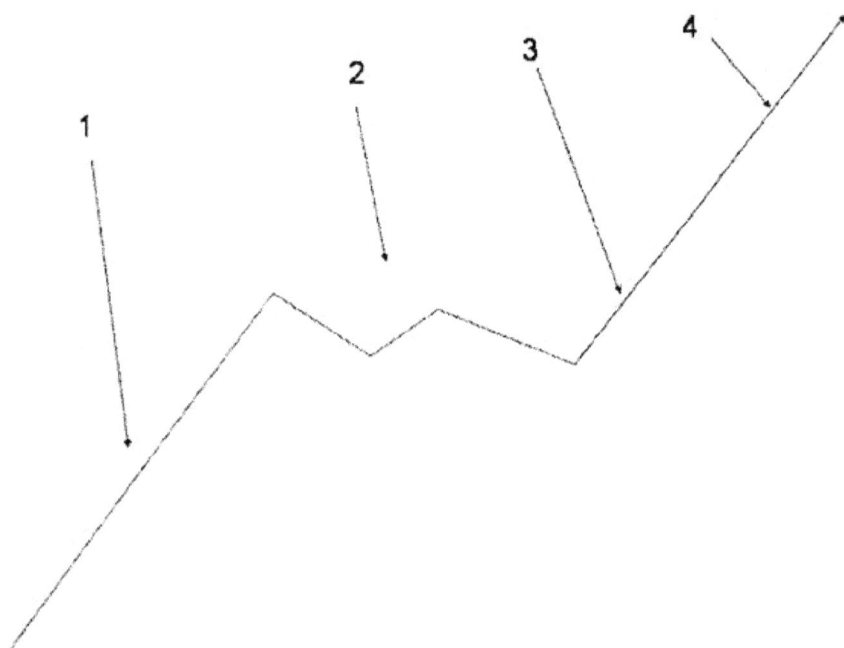

图 8c. 真正突破的特写

1 = 强劲的上升趋势，开始创下新的价格高点

2 = 休整或盘整阶段

3 = 突破至新的历史高价区间

4 = 休整或盘整阶段之后，现在恢复持续上升趋势

　　为了更深入地展示这幅图，博伊德画出了一张同样的图，但现在完全集中在图8b中的先前上升趋势、平稳和突破的部分，该图被复制于图8c。图中的（1）显示先前的上升趋势。先前的上升趋势向我们证实，该股已经表明其价格可以上涨。

（2）所示的区域为平稳区域。这是盘整或休整阶段，这里股票在其上升趋势中稍作休息，接着在（3）发生真正的突破。真正的突破是指在满足以下所有条件后，股价突破至新的高价区间：

- 股票上市不到15年

- 股票已经建立了很长一段时间的横向平稳形态（以年为单位）

- 接着，股票通过创下历史新高而开始上升趋势

- 该股在显示出持续数周和数月的上升趋势后，进入盘整、休整或平稳阶段

博伊德讲解着突破的基本知识时，同时叙述他早已逝去的年轻日子。他说："当我还是个刚进入市场的年轻人时候，我犯了一个错误，就是试图在趋势开始之前抓住一波运动。我曾认为我必须在人群涌入之前入场。这是大多数人在市场中不断犯的一个错误。这是导致我们失败的人为因素。我经历了多年时间和几乎无法弥补的巨大亏损才意识到，试图抓住走势的底部或开始所造成的亏损比任何人想象的都多。"

"在市场打滚了多年后，我才意识到，我必须在走势已经明

确开始的时候买入，提前一秒也不行。我必须找到一个令人信服的信号，表明一波重大的走势已经开始。预测走势是没有意义的。在一波走势已经明确开始之后，我才应该买入。预测走势是另一个使大多数人变成穷光蛋的人类过失。"

"那时我才茅塞顿开，意识到我应该在走势已经开始后才买入，也意识到了定义'真正突破'的重要性。就在那时，我弄清楚了真正突破和普通突破之间的巨大区别。"

我补充说："我能看出一只股票明显的上升趋势。显然，你今天的规则和定义帮助了该判断。然而，对于大多数人来说，当他们看到一只股票上涨时，他们很难等待。动量型交易者会买入上涨的股票，不等回调。一旦出现第一个回调迹象，他们就会抛售股票。你如何反驳这种做法呢？"

博伊德回答说："这完全取决于你想从市场得到什么。这就很像打高尔夫。充满男子气概的球员想要炫耀发球的长距离击球。只有策略和短杆才能赚大钱。如果你想到处展示你的击球技术并让别人注意到你，那么你将成为数百万人中的一员；但要想成为百万富翁之一，你必须有很杰出的短杆。如果你想在各处得个几分，那当然可以加入动量型玩家之列；但如果你想赚大钱，你需要策略和耐心来对待股票和市场。"

除了定义真正的突破和上升趋势的股票，博伊德还讲解了好股票的一些确认信号。他继续说道："一只好股票是能让我们赚钱的股票。不管一家公司经营得多么好，产品有多棒，如果我们不能通过其股票赚钱，那么该股就是无用的。同样的，不管一家公司经营得多么糟糕，产品多么劣质或不赚钱，如果其股票让我赚了钱，那么它就是一只好股票。唯一的好股票是能让我赚钱的股票。如果一只股票不能让我赚钱，那它就是一只糟糕的股票。"

"除了价格和成交量走势之外，我还寻求其它确认信号。正如我之前说的，我们必须确认一切。趋势不是在真空中开始，完成趋势需要时间，开始趋势需要时间，改变或反转趋势也需要时间。因此，每一个转折点都必须被确认。一些常见的确认信号包括姐妹股强度和指数价格/成交量走势。"

我请他解释一下他说的'姐妹股'是什么意思。博伊德回答："如果整个住宅建筑和建材行业蓬勃发展，那么所有的住宅建筑类股票都一定表现良好。在众多建筑类股票中，会有一两只龙头股率先突破并开始上涨趋势。其余的建筑股与两只龙头股属于同一行业，因此就是姐妹股。那一两只龙头股将引领整个板块，其余股票则将跟随并充当确认信号或姐妹股。当该板块在姐妹股中没有表现出强度时，我会保持警惕。如没有姐妹，则意味着，要么是板块中有一只垄断股表现出色，要么是一只股票在一个疲弱板块中表现出色。如果在某疲弱板块中有一只表现出色的垄断股，我可能仍然对那只股票感兴趣，原因是其垄断地位。然而，如果没有垄断地位，而我们在一个疲弱板块中看到一只龙头股，我仍会犹豫是否要将此类股票视为潜在买入。"

吃过午餐后，博伊德继续谈论价格/成交量走势，对于公众对'简化事情'的强烈抗拒，他感到百思不得其解。他很惊讶，一些油嘴滑舌的人们用最新的小玩意和一些新发现的公式，再搭配上一些术语，就能向公众兜售他们最新的战胜市场秘诀。然而，人们的头脑却不愿接受简单的致胜操作。即使经历了几十年的市场操作，博伊德依然对人类的心态感到困惑，他永远无法理解我们人必须感到聪明和优于市场的需要。其陷阱就在于人们需要优越感和自我感觉聪明。不管是过去、现在还是将来，这种需要都一直被华尔街体系轻松和成功利用，并向公众推销'战胜市场的新方法'。简而言之，这只是另一种快速致富的骗局。

我向博伊德提出了基本面分析的问题。在互联网和网络泡沫破灭后，收益突然与'钱'画上了等号。如今，经纪人和业内人士会大肆宣传一份好的收益报告，以帮助推动股票或向公众出售股票。博伊德说道："再一次，我对帮助搞垮股票交易账户的人为因素感到'钦佩'。市场中的一切都是关于未来的，而不是现在或过去。人们今天买入股票是为了在将来以更高的价格卖出。换句话说，股票的过去与未来的价格无关，现在发生的事也跟股票的价格没有任何关系。一切都围绕于对未来增长的预期。过去的收益增长与未来无关，只有预期的收益才是最重要的。"

那天下午已经很晚了，所以我决定抛出最后一个问题："你说过很多次，价格/成交量走势是我们所需的一切，且一个人必须限制自己的交易，一年不超过5至7笔。我们该怎么完成这样的任务？"

博伊德的回答简洁易懂。他解释说："必须有一套规则，让我在行情良好时待在市场中交易，但不逾留多一天。同样的，当行情糟糕时，该规则必须让我远离糟糕的市场，一天也不多逗留。最重要的是，让我待在好市场的规则，也必须是让我远离坏市场的规则。不能同时有两套规则——一套针对好市场，一套针对坏市场，这是不可能的，因为它们会变得相互矛盾。更重要的是，坚持一套规则已经够难了，更别说两套规则。"

"我们何不在接下来的日子里逐一说说这些规则呢？不过为了切入重点，我试图限制交易的一个简单方法是在突破时寻求不寻常的成交量。什么是不寻常？我要求我的潜在买入股票在交易的第一个小时内的股票易手量达到日平均成交量。为什么？通过要求如此不寻常的庞大成交量，在任何给定的年份，我都会自动受限于少数几笔交易。我将在未来几天更多地讨论这一课题。"

总结：

确保清楚知道真正突破和一般突破之间的区别。了解上升趋势股票及其盘整、休整或平稳阶段的基础知识。了解你自己的人为因素，并自行设置规则，以防止该人为因素为你做决定。

第 9 章

图表形态——谁在乎？

隔天早上，我开车去博伊德的家。当走到他的泳池边时，我注意到他身上带着一叠图表。虽然我自认是个图表专家，但同时我对市场的了解足以让我知道，我并不了解一切。互相打招呼后，我问博伊德："今天的主题是图表吗？" 他微笑点头，说道："正如市场中的一切，图表也是需要平衡和确认的。单一的神奇答案并不存在。然而，它绝对是市场拼图中巨大的一块。我将重温几天前我所提到的一些评论。我意识到，我们人类的记忆力非常短暂，'重复'是市场中人为因素的唯一解药。"

他继续说："长期以来，依靠图表来解读市场信息的人们和依靠经济指标来判断市场方向的人之间一直存在争论，争论的点是究竟要给图表多大的权重（如有的话）。在过去的几十年里，这两条路我都走过——经验一次又一次地证明，'正确的图表解读'是无价的。除了从经验中学习，我们这些对大机构稍有了解的人都很清楚，在这个星球上，没有任何一个人的研究能胜过那些大机构。那些在华尔街或附近工作的人都非常清楚，那些大机构有很多专门供研究人员使用的办公室。这个世界上的高盛（Goldmans），雷曼兄弟（Lehmans）和贝尔斯登（Bear Stearns）不仅有许多办公室和员工，还有多层楼的研究部门世界上没有任何一个人可以在研究方面超越这些大机构。他们拥有最精明、最聪明、年轻和年老、经验丰富、精通技术、精通图表和会计的脑袋，一起分解每张资产负债表、研究每个经济模型、做出每个计量经济预测、阅读每张图表、与他们关注的股票的每位首席执行官交谈、参观他们研究的公司、对竞争对手进行市场调查等等。经过所有这些工作，以及对人才和技术设备的投资，只有大约10至15%的大机构最终会战胜市场。尽管它们有如此多的优势，但依旧有个主要缺点，就是当它们做出委托时，它们必须花几个月甚至几年的时间逐步建立委托。而当它们清算持有股票时，也必须花上几个月或几年的时间。这是因为他们经手的资金很庞大，如此庞大的资金不可能在一天、一周或一个月内买入和卖出股票，仅这一问题就足以抵消它们的优势，甚至为像我们这样的个人投机者提供竞争优势。像我们这样的人的优势在于：只要我们愿意，或者当获胜的几率很低时，我们可以抱着现金不交易。我们可以在不影响市场的情况下轻松进出股市。"

"我们的最大优势是，我们可以'看到'大机构在完成所有详尽研究后所采取的行动。我们在图表中可以'看到'这一点。这是其中一个原因，也是一个很重要的原因，它让我对优秀的图表阅读能力有巨大的信心。然而，正如其它事情一样，有杰出的图表阅读者，也有拙劣的图表阅读者。杰出的图表阅读者会确保他们不会看到不存在的东西。拙劣的图表阅读者则会看到他们希望看到的东西，而非真正可见的东西。这两者之间只有一线之差，即使是经验丰富的人也很容易越过那条线。大机构已经完成了所有的技术研究，甚至做了没有人知道的研究，这些只有大机构的内部技术人员会知道。完成了这些研究后，他们会采取行动（买入、卖出、持有、弃牌），他们的行动会在图表上显示出来——前提是你必须知道如何正确解读它们。"

"或许你会问，但大机构也阅读图表，它们读我们正在读的东西，看我们正在看的的东西。那么，它们会不会抛出一些障眼法来破坏大局，迷惑像我们这样的人？他们当然会这么做，这样的障眼法被称为'假动作'或'震仓'。但事情是这样的…图表阅读一个是我们可以比大机构做得更好的领域。另外，由于它们建立和卖出头寸都需要时间，因此那些'假动作'和'震仓'在好市场中并不常见，在坏市场中则大量存在。其结果是，不管它们在什么市场条件下做什么，它们的行动最终都会确认市场信号。"

"还记得我的寻宝比喻吗？每个参与者的目标都是一样的…即找到宝藏。在开始游戏时，每个参与者都会获得一组线索。有些人更擅于破译线索，他们将从一个里程标移动到另一个里程标。每一个里程标都会提供额外的线索，如果线索被正确破译，这些线索将引导参与者到下一个里程标。一路上，有些里程标会提供'坏'或'假'的线索，它们就是所谓的'红鲱鱼'。我们都知道，红鲱鱼是被扔在主干道外，以迷惑跟踪气味的猎狗的。同样的，这些'假'线索的目的是让参与者偏离轨道。一些参与者非常聪明，他们正确地找到每一条线索，并丢弃所有'假'线索，最终以最快的速度找到宝藏。这些都是极为罕见的参与者，像他们这样的人并不多。接着还有第二组参与者，他们也很聪明——不过不如第一组聪明。第二组参与者会自己破译一些线索，但他们倾向于'跟随'第一组人，因此能够紧紧跟在他们后面。第一组人知道有第二组人'跟随'他们，因此会试图抛出一些'震仓'，试图让第二组人偏离轨道。最终，第二组找到了宝藏——不过稍微落后于第一组。这两组人拿走了最大的宝藏，其余的参与者包括平庸者、落选者、有点迷失者和毫无头绪的参与者。我们属于第二组人…因为我们在图表上'看到'聪明钱的行动，再自己破译一些线索，从而'跟随'他们的做法。"

我知道博伊德是一位优秀的图表阅读者，所以我要求他讲解一下图表阅读的基础知识和要点。与大多数市场相关技能一样，最大的危险就是总在寻找一个根本不存在的神奇答案。图表阅读技能是多年反复阅读图表所培养出来的。这个过程很漫长、无聊，且伤眼睛。不过，在所有可以培养的技能中，正确的图表阅读就如同学习骑自行车。这种技能一旦学会就永远不会忘记。如果不经常用，可能会有点生疏，可一旦重新开始练习，生疏感便会消失。

市场上有许多关于图表和技术分析的书籍，有些写得非常棒，但大多数都不怎么好。威廉·吉勒（William Jiler）几十年前写的《如何利用图表在股市中获利》是最好的一本。

博伊德说："我见过一些最聪明的人在市场中失去头寸，因为他们不尊重图表。很多人非常聪明，许多复杂技术，如艾略特波浪、菲波纳契数列、MACD、随机指标和布林线等，对他们来说都很简单，因此他们不尊重价格/成交量走势的简单。

这些聪明人因为信任一些高技术和前沿科学研究而丢掉了他们的财富，可答案其实早已简单明了地摆在我们面前。我们人类有种不可思议的能力和欲望，总是把最简单的任务复杂化。我们这样做是因为我们渴望向自己和他人证明我们比实际情况更聪明。"

"正如市场中的其它所有事物，图表阅读可以简单化，也可以过度复杂化。我相信保持事情的简单性，我不喜欢被困惑。一旦有什么东西开始让我的眼睛变得呆滞，我就知道我陷入麻烦了，所以我坚持让每样东西都尽可能保持简单。在阅读图表时，我看日线图时会感到困惑。日线图上有太多的噪音，它们表现出太多的波动性，并且参杂了其它信息。我只依赖周线，它的流畅性要高得多。除此之外，我不需要太关注图表专家使用的所有术语，如…杯形、碟形、三角旗形、楔形、旗形、头肩形、颈线等等。它们或许有用，但应该比较适合给短线剥头皮交易员用。我不是剥头皮交易员，所以这些图表定义并不适用于我。我唯一关注的图表形态已在此处显示。"

此时，他画了下面的图（图9）。该图与图8b相同，但成交量与价格一起显示。博伊德对这张图表的解读非常简单，实在我感到惊讶。他指着先前的上涨趋势说："这对我来说是至关重要的。我必须确确实实知道，该股已显示出其价格上涨的能力。此外，这种价格上涨的能力必须搭配成交量的增加。这告诉我，对于这只股票有很强烈的买盘兴趣。当一只股票有这样的买盘兴趣时，它不太可能被卖掉。一旦上升趋势停止，形成一个休整或盘整阶段，那么成交量必须开始降温。成交量越萎缩，股票就越好。当一只正在上涨的股票价格随着成交量上涨后，成交量骤减时，这表明所有在上涨阶段买入的买家都不愿意卖出。低量盘整预示着价格将上涨，所有买家都对该股的上涨趋势深信不疑。"

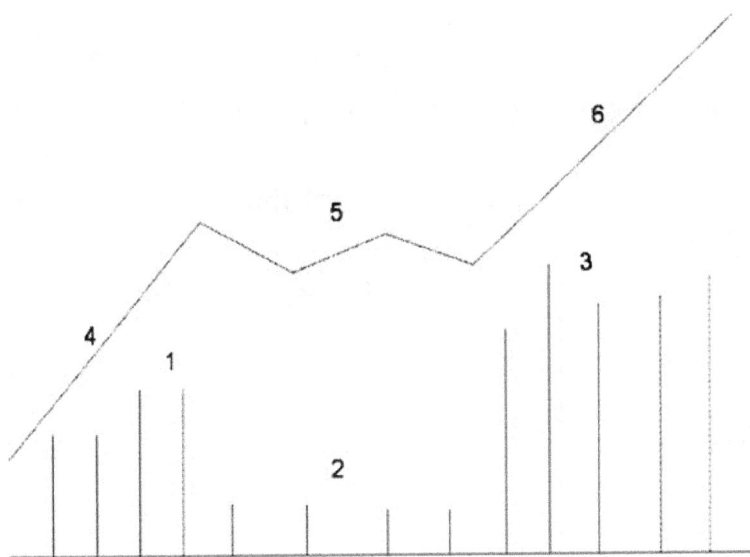

图 9.具有稳健价格/成交量走势的真正突破

1 = 先前上升趋势中的成交量增加

2 = 休整或盘整阶段中的成交量萎缩

3 = 成交量跃升至该股历史成交量的最高点

4 = 先前上涨趋势价格区域

5 = 盘整阶段 – 这个阶段的高价是一个'天花板'，直到股票向上突破这个'天花板'价格。一旦突破'天花板'价格，那'天花板'就会变成'地板'价格，通常不会再向下跌破

6 = 上升趋势恢复

"盘整阶段的价格区间越窄越好。这让我们更加相信没人愿意卖出这只股票。在一只完美的股票中，盘整价格区间不会超过10至20%，且成交量将明显萎缩，至少有一周或两周的成交量将萎缩到远低于正常周成交量的50%。当该股在成交量的支撑下突破先前高点时，它在心理上已突破'天花板'或上方阻力带。一旦出现这样的真正突破，这个'天花板'价格就会变成股票的'地板'价格（下限）。真正的突破永远不会低于这个'地板'价格，而它将展开一个真正成功的上升趋势。"

由于过于关注日线图上的形状、模式和预先定义的形态，图表专家经常会被困惑并成为噪音的牺牲品。相比起周线图，

日线图更容易被误读。此外，我不想定义一种形态，并犯下在日线图上寻找信号的错误。在先前上升趋势和盘整阶段的价格/成交量走势，远比大多数图表专家所依赖的所谓预先定义形态和模式更为重要。"

"我不太喜欢许多独断图表爱好者使用的杯形、碟形、三角旗形和旗形。我用我自己的方式观察图表。同一张图表，每个人解读的方式都不同。通过使用模式和形态来定义图表，即使是最有经验的图表专家也会带着偏见解读内容。我希望避免这种偏见，因此我依靠的是最简单的图表解读形式，即周线图上的价格和成交量走势。"

我认为这种方式过于简化，我把该想法告诉博伊德。他的回答很简单。他说："这就是重点。我不想要看到不存在的东西。为了办到这一点，我必须把事情保持在最简单的水平，这将确保我不会落入市场为我设下的众多陷阱。"

总结：

关注周线图上的价格和成交量走势。尝试和确保不去观察不存在的东西。人们在观察自己希望看到的东西时会存在偏见，这比人们想象中更常见。通过实践学习解读图表。一只股票在其上涨阶段必须表现出较高的成交量，以证明买盘兴趣很强烈。

一只股票在盘整或休整时的成交量必须是低的，以确认抛售意图并不存在。新高突破必须伴随不寻常的成交量。

第 10 章

脱离式突破是可靠的交易机会

虽然博伊德不太喜欢讲解所谓特定形态的定义，并且对展示图表的一般原则更感兴趣，不过他有提到，真正的脱离式突破（Breakaway）形态是可靠的机会。顾名思义，'脱离式突破'指的就是突破时成交量非常大的股票。当一只股票创下历史新高时，通常也会出现其历史上最大的单日成交量。由于股票向上跳空至新高价区域时成交量激增，所以这一波运动将被放大。上涨缺口是由于庞大购买需求而被股票'跳过'的价格区域。下面图10显示了一个简单的脱离式突破。

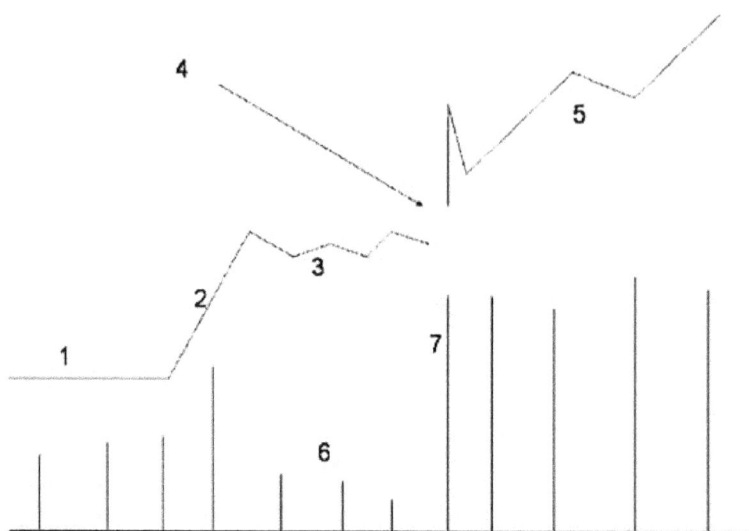

图 10. 一个真正的脱离式突破

1 = 长的横向平稳阶段

2 = 强劲的上升趋势，开始创下新的价格高点

3 = 休整或盘整阶段

4 = 脱离式突破缺口

5 = 休整或盘整阶段之后，现在恢复持续上升趋势

6 = 休整阶段期间疲弱的成交量

7 = 股票历史交易记录中的最高成交量

　　之前的课程已经讲解了前面的长平稳形态和后面的上升趋势，所以应该可以清楚看到和理解。脱离式突破中唯一不同的是突破点。在所示的例子中，你会注意到，股票在脱离式突破

当天的成交量是该股有史以来最高的单日成交量。价格向上跳空至新高价区域。股票在前一天以平稳价格范围内的价格收盘，向上跳空。然而，脱离式突破日的开盘价远高于平稳区域，开盘价通常（但不总是）接近脱离式突破日的最低价。爆炸性的成交量伴随着股价的脱离式突破，其成交量常常达到日均成交量的6至10倍，甚至更多。更值得注意的是周线图上的确认信号，即该股的周成交量也将是历史上最高的周成交量。

然而，正如所有真正的赢利股一样，有效地交易脱离式突破股票还是相当棘手的。有时，脱离式突破的测试价格可能比突破日的低点低10%，这意味着，在真正的上升趋势开始之前，标准的10%卖出止损可能会多次被触发。因此，针对脱离式突破，博伊德将允许止损价格低于买入价15%。由于首次入场的资金数额极小，因此试买者将拥有额外的回旋余地，因为在真正的脱离式突破发生时，出现真正大波动的几率要高得多。

与股市中的一切事物一样，认真的投机者需要保持客观，并自己考虑每个脱离式突破的优势。另外，我们也必须对脱离式突破进行非常具体的定义。不是每个缺口，也不是每个庞大的成交量爆炸都是脱离式突破。脱离式突破是独特的，唯一的定义如图10所示。正如博伊德过去常说的，最重要的是永远不要去看不存在的东西。

此外，脱离式突破的大幅波动不会在一天或一周内形成。真正的波动需要几个月的时间。我们在这种潜在爆炸性波动上的回报，取决于我们如何有效和成功地交易它，以及如何成功地运用金字塔交易策略。

总结：

如果脱离式突破早发生，即在真正的上升趋势开始之前或之后，那它便是可靠的交易机会。如果能够有效地利用脱离式突破进行交易，那么在任何给定的市场周期中，几乎不需要其它交易就能轻松跑赢主要指数。虽然脱离式突破是可靠的交易机会，但学会正确利用它们是很重要的。在市场周期快要结束时出现的脱离式突破，通常意味着这是一只到顶的股票。在考虑用大量资金买入一只脱离式突破股票之前，务必谨慎解读市场周期。

第 11 章

投机规则和基础

市场上有上百种服务宣称自己有特殊的程序可以战胜市场。它们用'事后检验'作为证明，可事后检验只不过是展示巨额回报的噱头。事后检验指的是调整买卖点和程序，以'拟合'一只或一组已经完成运动的股票的走势。普通人不明白的是，任何人都可以想出一款程序，并在事后找到一组'拟合'该程序的股票。事实上，这类程序不会事先提供此类走势预测，也不曾在走势'期间'显示赢利的股票。

其实，我们只要仔细想一想就会明白，如果存在这样的成功程序，那么程序员必然会利用自己的程序在市场上大赚一，而不是试图向公众推销该程序。

然而，正如博伊德在他最早的一堂课中所解释的那样，只要我们还在寻找战胜市场的神奇答案，我们就注定会一直亏损下去。越早意识到战胜市场需要时间、努力、纪律、耐心和多年的学习，我们就越早可以开始准备应对最聪明的存在——市场。

为了在投机方面取得成功，我们必须学习大量知识，其中最重要的课程之一就是资金管理。资金管理与其它任何技术一样重要，以帮助我们在好市场中获得不错的收益，并且在坏市场中避免陷入麻烦。与此同时，资金管理也是最难掌握的课程之一。学习资金管理原则的最大障碍是一些常见的罪魁祸首——贪婪、恐惧、希望、过度自信、傲慢、一厢情愿、缺乏信心和绝望，但往好的方面想，这些巨大障碍都是人性弱点。尽管克服人性弱点是一项巨大的挑战，但我们还是有机会通过一套规则来克服这些弱点。设立这些规则的目的是为了避免人为错误。

首先，市场交易员要接受市场中只有两个因素的事实，一个是'获胜因素'，另一个是'人为因素'。我们大多数人都知道，一个人在市场上经历的所有重大损失都是源于'人为因素'。同样的，市场中的所有重大赢利都是源于'获胜因素'。在博伊德继续讲解成功投机者的运作方式时，我请他明确说明一下'获胜因素'和'人为因素'的含义。

一如往常的，他的解释很简单。简而言之，'获胜因素'是投机者操作的一部分，它使得投机者在好市场中大赢、在平庸市场中小赢，并在糟糕市场中小输或不输。而'人为因素'指的是新手交易员的部分行为，它使得交易员在好市场中小赢、在平庸市场中大输，并在糟糕市场上输得精光。

市场只能带来五种结果之一——大赢、小赢、盈亏平衡、小输或大输。'获胜因素'将造成大赢、小赢、盈亏平衡和小。'人为因素'将造成小赢和大输。由于市场上只有两个因素，所以我们必须专注于尽可能地了解'获胜因素'和'人为因素'。然，我们必须学会接受和执行所有的'获胜因素'。与此同时，我们必须尽可能学习和避免犯下'人为因素'。

在这个计算机和软件的时代，有个很大的迷思以及一大群被误导的市场参与者，他们认为程序或软件是避免'人为因素'的答案。软件和程序只是华尔街体系的另一个诱饵，向我们这些容易受骗的人推销战胜市场的神奇答案，但实际上根本没有所谓的神奇答案，答案就在我们每个人的身上。我们必须尽可能了解我们自己，了解我们作为人类的所有缺点和优势。一旦我们知道自己是谁、我们的个性是什么，我们就可以实施并遵循一套规则，让我们在糟糕的行情中避免麻烦，并在好的行情中全力投入市场。

博伊德接着说，他所遵循以及他向读者倡导的规则，对他和像他这样个性的人都有效。我请他详细说明他自己的个性。再一次，他的回答简洁且直接切入重点。他说，他是一个投机者，只有当大赚的可能性很高时才会投入市场。他会在市场中投入少量资金，先证明他对市场的解读是正确的。如果他的小规模试买开始赚钱，那么接下来他就会开始小心地增加头寸，并且始终确保设置跟踪卖出止损，以保证永远不会在一只赢利股上亏损。如果他的那些试买止损被触发，导致不断亏损，那么他将远离市场，直到他看到行情已经改善。对于在市场中捞到的一点钱，他一点也不想还给市场。最重要的是，除了他自己，他从不依赖任何人。行动前，他总是先假设市场行情不。接下来，市场必须证明他是错的，并让他相信好的行情会持，他才会将大量资金投入自己的头寸之中。

此时，博伊德开始说起他的投机规则。在我意识到之前，他已经在谈论他的第一条规则——'不造成伤害'。尽管他之前已经讲过这些规则，但他现在将逐步阐述它们。

投机的第一条规则：首先，不造成伤害

虽然'首先，不造成伤害'听起来很容易，但对大多数新手来

说，实施和执行这条规则却很难。经验丰富的交易员把这条规则视作为第二天性，会不假思索地执行它。我们在之前的课程中已经讲过，一般的首次市场参与者，甚至说任何市场参与者来到市场寻找财富时，都会同时发出一条广播信息。这条信息会传达给所有贪婪的'秃鹰'，告诉他们说新的资金来源已经进入市场。那些秃鹰在我们头顶盘旋，试图寻找下一块肉吞噬。一旦秃鹰们得到消息说有一块新的肉要来了，他们的下降和攻击速度是很惊人。

参与者一开设账户，就会突然收到各种信息——好的、坏的和无关紧要的都有。该信息过载是强烈的，产生的噪音和干扰也是巨大的。参与者将面对各种形式的推动、炒作、鼓励和逼迫，使他们做出花掉交易资金的决定，这种压力可以是微妙的，也可以是蛮横的。在这种信息轰炸之下，参与者几乎没有机会在秃鹰的猛攻下存活下来。

博伊德表示，对大多数刚进入市场的人来说，第一个考验是控制自己，看看他们能否承受至少三个月的时间，不买任何东西。如果他们能在这三个月期间不花任何交易资金，那么就可能有机会战胜市场。

成功投机并不容易，它需要一种非常特殊的心态，这种心态在普通人身上是不存在的。秃鹰们是无情的，因为从长远来看，超过80%进入市场的人都会亏损。他们将对交易账户拼命啄食，直到渣也不剩。在任何一个10年周期结束时，每5个人之中只有1人能获利，而秃鹫没有动机去警告猎物即将来临的厄运。在残酷无情的土地上，敢警告猎物的秃鹰将挨饿。

在股市的悠久历史中，几乎每个人都曾在某个时间点上通过某只股票赚一些钱。这并不是什么考验，那只是'记忆'。事实是，大多数人还给市场的钱远比他们从市场中赚到的多。然而，'记忆'不是这样运作的，因为大多数人不会记得他们的亏损，只会记得某次罕见的胜利，并以它作为标准，试图去重复该胜利，尽管过程中已有无数次失败证明那种胜利是很罕见。这是一个由市场精心策划的美丽陷阱，它以面包屑当诱惑，设下一个会杀死大多数帐户的布局。

从来没有人会建议买家不要购买，这是徒劳的，因为不管行情如何，买家都已经广播了他/她的购买意向。他已经开设交易账户，并已经询问一些关于'有什么好股票'的信息。对秃鹰们来说，这就好比一个大大的闪光标牌，上面写着："我来了，来抓我吧！谁先抓到我，谁的肉就最多。"一旦有了'市场有买入机会'的偏见，市场参与者就几乎没有机会毫发无损退场，当然，除非超级牛市已经就位。在超级牛市中，即使是最糟糕的股票也会上涨。在超级牛市中想要亏损都非常难。顾名思义，超级牛市就是一个像泡沫一样的市场，所有股票的价格似乎都在上涨。

投机的第二条规则：买入前核对你的清单

博伊德说回他在之前的课程中提到的基础知识。他还列出了一张小清单，他会在清单上一一打勾，以确认市场是否适合试买。他列出的清单如下：

- 大盘是否正处于上升趋势？

  为了确认市场确实处于上升趋势，博伊德会使用周线图来确认道琼斯指数、标普500指数、纳斯达克综合指数和运输指数都不会与'更高的高点和更高的低点'相矛盾。如果市场确实处于上升趋势或者看起来即将展开上升趋势，那么他会在清单上的这一条打个勾。

- 我有看到任何20/4型的股票走势吗？

  如前面的课程所涵盖的，在博伊德的定义中，20/4型的走势是指股票在经过数周的盘整后，价格随着成交量突破新高，然后在4周内从突破价格上涨至少20%。

  他还添加了一项额外要求，即所有20/4型的运动永远不

131

能低于其盘整阶段最后高点的买入价。

- 我看到的价格和成交量走势是否确认我所看到的一切？

除了指数显示出上升趋势的迹象外，它们的成交量走势也应该确认，随着成交量的增加，买盘即将到来。领先的20/4型股票也必须有类似的确认。

投机的第三条规则：如果我不能在试买中赚钱，我的大资金也将无法赚钱

我很早就知道，交易资金的数额并不能决定成功与否。如果我不能用我的一小部分交易资金赚钱，那么我就不能用我大部分的资金赚钱。换句话说，如果我对市场和股票的趋势解读不正确，那么不管我投入1万美元还是100万美元，我都将承受亏损。

聪明的投机者先观察市场事件。如果市场在成交量确认的情况下形成更高的高点和更高的低点，那么他就会寻找领先的个股，以获得更多的确认信号。如果领先的个股确认了市场的走势，那么他就会测试市场和股票，以确认他所看到的是实际发生的情况。这种试买通常只占他交易资金中的一小部分。博伊德用他交易资金的5-10%作为试买资金。试买是克服'希望沦为思想的主宰'这一障碍的方法之一。即使希望看到牛市，我们不应看到一个不存在的牛市趋势。试买将确认或否定市场

趋势。只有当试买开始赚钱时，我们才可以考虑向市场投入越来越多的资金。

投机的第四条规则：总是使用止损，以自我保护帐户

止损是一个人在任何一笔交易中可接受的预定最大损失金额。对于大多数有经验的投机者来说，理解和实施这一点非常简单。博伊德采用10%的止损，其他人可能使用不同的比例。预定止损的概念是为了避免成为利弗摩尔（Livermore）过去所说的'股票的非自愿持有者'。如果一只股票的买入价是50美元，几天或几周后它跌到了每股45美元，那么这只股票就只值45美元。如果一个人继续持有股票并'希望它会回升'，那么他/她就是'非自愿性'地持有股票。交易者真的不想要这只下跌的股票，虽然他/她对该股是厌恶的，但却因为希望它回到盈亏平衡的价格而持有它。如果股价继续下跌至40美元呢？如果几天后股价跌到35美元，然后呢？同样的，典型的参与者会'非自愿性'地继续持有股票，希望价格会回升。市场上所有重大亏损的开始都是缓慢而微小的。当小的亏损膨胀成大亏损时，要弥补损失通常已经太晚了。

止损是一种告诉投机者他/她错了的机制。如果他/她对市场和/或股票方向的解读是错误的，他唯一知道的方法，就只有当股市或市场走向开始对他不利。如果卖出止损价格被触发，

投机者被逐出市场，那是市场向他/她发出的一个信息，即他最初的市场展望可能是错误的。如果没有设下这样的止损，我们很容易在应该卖出的时候说服自己不要卖出。我们需要自我保护，因为我们将是市场击败我们的主要原因，这便是前面讨论过的'人为因素'的保险策略。

我们买股票的唯一原因就是要靠它股价上涨赚钱。如果股价不上涨，就没有必要买入股票。如果股价上涨，则不需要其它信号了，因为股票正通过不断上涨的价格向我们证明，我们是正确的。如果我们在小规模试买上是正确的，那么我们大资金买入也很有可能是正确的。因此，一旦试买赚到了钱，我们就可以准备更有信心地将更多资金投入市场。

投机的第五条规则：趋势是你的朋友，沿着趋势移动你的止损

博伊德提出的一些观点听起来有些重复，但我足够聪明地意识到，表面上看起来重复的内容实际上是让成功投机的要点和原则变得更清晰。根据定义，上升趋势是形成更高高点和更高低点的一系列价格走势。

成功投机的基本原则是永远不要卖出上涨的股票，以及永远不要买入不上涨的股票；此原则的另一延伸是卖出不上涨的股票。然而，长期持有一只上涨的股票直到它继续上涨，然后

同时卖出一只已经停止进一步上涨的股票，这是一项极其棘手的平衡操作。在追逐走势底部或顶部的过程中，很多人损失了大量资金，它也创造了很多穷人。捕捉顶部和底部几乎是不可能的。如果一个人抓住了一波走势的顶部或底部，那仅仅是偶然或运气好，或者两者的结合。

巴鲁克（Baruch）是他那个时代著名的投机者，他过去常说，只有骗子才能不断抓住一波走势的顶部或底部。一个真正的投机者必须完成一项任务：尽可能长时间地持有上涨的股，同时在股票开始反转并下跌之前卖出。此外，在市场上赚大钱需要时间。我们都知道，时间是相对的。在美国，一小时是很长的时间。在西藏，数年被认为是很短的时间。不过，我们已经一次又一次地见证，在上涨股票中，最好的和最快的运动发生在4至8个月的时段内。在8个月大关后，通常，一波大幅比例的回调会带走先前上涨趋势中的一大部分收益。

如何实现这一组相互矛盾的目标？首先，尽可能长时间地持有股票，度过中小型的回调期。第二，在价格开始大幅回撤之前，在接近重大运动的顶部卖出。

博伊德说，最困难的是保持事情的简单性。他的原则是，在新高出现之前，不断将止损位调在略低于上涨中股票的最后一个低点。他认为周线价格走势比日线价格历史更可靠。作为例子，他用一张草图讲解，如图11所示。

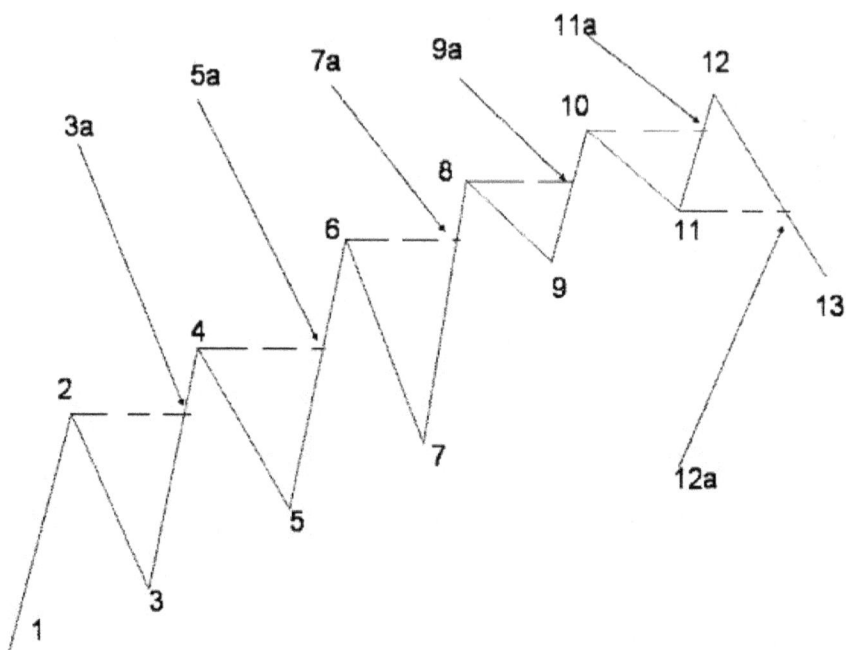

图 11. 沿着趋势移动止损点

博伊德说："假设你拥有一只价格正在上涨的股票。我画了一张该股的草图。假设你在它突破（3a）创下新高时买了这只股。你在（3a）买入的那一刻，你就要在价格低于（3a）10%的地方设置止损点。假设在股票形成更高高点和更高低点之前，止损价格不会被触发。这意味着股票必须先在（4）形成一个高点。然后，它对这次上涨的回调必须确定，例如在

（5）的价格。注意，（5）的价格高于（3）的价格，（3）是股票的最后一个低点。然后，股价必须创下更高的新高，例如在（6）的价格。注意，（6）的价格高于其在（4）的先前高点。在股价从（5）移动到（7）的过程中，它穿过或刺穿了（5a）的价格，基本上与（4）的高点相同。一旦股价向上刺穿（5a），该股就已重新确认了其上涨趋势。就在这个时间点上，止损从先前的止损点调到略低于（5）的价格。"

"在另一轮更高高点和更高低点得到确认之前，止损保持在略低于（5）的价格。这意味着股票必须先达到（6）的价格高点。然后，股价必须在（6）对这一新高点作出回调。该回调在（7）形成一个低点。然后，一波新的上涨运动开始。在从（7）到（8）的价格的这一新上涨过程中，股票必须刺穿或穿过（6）的价格高点。我已经指出这个价格为（7a）的价格。一旦股价超越（7a）的价格，我便将止损从略低于（5）的价格移动到略低于（7）的价格。这个止损位置将保持不，直到又一轮更高高点和更高低点形成。"

"理论上，这看起来相当简单和直接。大多数新手面临的最大障碍是，他们日复一日地关注着自己的账户价值和股价。举个例子，当他们看到股票在（6）的位置已经形成一个高点，然后又看到股票向（7）的价格回调时，他们开始变得紧张。他们觉得正在'失去'利润，新手在首次出现价格疲软的迹象时就会卖出。"

"遵守'沿着趋势调整止损点'的纪律需要时间培养。大多数人只有在'错失'大赢之后才能养成这一纪律。只有多次在趋势早期阶段放弃真正的赢利股之后，人们才会掌握沿着趋势交易的窍门。遗憾的是，很多人将永远无法领悟这一纪律的简单。正如我所说，时间是相对的。对于像我这样几十年来目睹和经历了市场馈赠与危险的人来说，4到8个月在股市中并不是一段很长的时间。然而，对于新手和许多无纪律的专业人士（他们很快就不会是专业人士）来说，即使是4-8周也感觉像永。"

他接着说道："随着股价不断创下更高的高点和更高的低，止损点会沿着趋势向上调整。在某一时间点，价格的向上压力将停止。然后，向下压力开始建立，以推动价格下跌。这个转变有时很微妙，有时又完全清晰。不管怎样，遵守规则的投机者会不断向上调整止损点。首先，止损点移动到（9）的价格下方一点，然后再移动到略低于（11）价格的位置。当股票在中期或长期内见顶并开始下跌时，这一止损点将被触发，而股票将被卖出。因此，投机者得以持有股票，从（3a）一路爬到（11）的价格。这是一波重大走势，也是精明投机者的真正目标——抓住趋势最有利可图或最重要的部分。"

总结：

遵循成功投机的规则。首先，不造成伤害。在买入任何股票之前，核对买入清单并确认买入条件已经成熟。如果在小规模试买中无法赚钱，那么投入大资金也无法赚钱。跟着趋势走。针对每个头寸，预先你愿意承担的风险。根据你的风险水平设置止损点，以确保风险水平被触及时结清头寸。不断沿着趋势调整你的卖出止损点。

第 12 章

附加的投机规则和基础

投机时，几乎没有人会提到恰当的资金管理。一个人走进经纪人的办公室并开设了一个股票交易账户，毫无疑问的，经纪人会立即建议买入。除了建议买入，经纪人十有八九会建议花掉交易账户中所有可用的资金。

即使是新手或无纪律的专业人士（用他人的钱在股市玩股票的人）开始在市场中交易时，也会出现同样的情况，开设账户后几乎马上就进行购买。在大多数情况下，在开户后的头48小时内，所有可用资金已用于买入股票。

相反的，典型的投机者从来不会亮出全部底牌。他/她从不会一开始就用尽所有资金进行交易。精明的投机者总是牢记，他/她必须先被证明自己是正确的，才能在市场上进行任何额外或大规模的交易。

投机者甚至会使用跟其他成功投机者不同和独特的术语。只有投机者会称自己为投机者。真正的投机者永远不会称自己为交易者、赌徒、投资者或长期投资者。同样，赌徒永远不会称自己为赌徒。投机者和赌徒是截然相反的。在整个生命周期中，投机者在市场中获胜，因为他/她从市场中赚到的钱比还给市场的要多。另一方面，赌徒把钱全数给了市场，从未赚到一分钱。交易者有得有失，但很少能够大赚一笔。投资者也是有得有失，但通常会把大笔资金还给市场。

正如博伊德所提的，投机者只有在胜算对自己有利时才会进行交易。赌徒下单时从不考虑输赢几率。交易者试图到处剥一两个点。投资者经历了牛市和熊市的漫长周期，在熊市中亏损的远比在牛市中赚到的更多。

在真正的投机者所用的术语之中，最重要的是'承诺(commitment)'一词。这个词包含了'抓住'或'紧握'值得拥有的东西的愿景，它还包含了'度过好日子和坏日子'的愿景。对投机者来说，承诺是成功的关键。对规则的承诺；对市场运作运作体系的承诺；对纪律的承诺；视行情远离市场的承诺；视行情坚持持有头寸的承诺，等等。在规则、股票或市场以某种确定方式提供明确的头寸变化信号之前，投机者将承诺坚守现有头寸。

投机的第六条规则：我的头寸必须从第一天就开始获利，并且在四周内，该股票必须从买入价上涨至少20%到其最高价

大部分的巨大收益都是强力展开的，偶尔也会缓慢开始——但总的来说，大多数的大走势从第一天就开始了。一旦以试买的方式完成入场的第一个步骤，立即将止损点设在买入价以下——通常低于买入价的10%左右。然后，给股票一点时间来证明或驳斥我们的解读。 股票只有三种走向——上涨、下跌或原地不动。

针对这三种情况的每一种，我们都需要采取不同的行动。如果股价上涨，在购买后的四周内，它必须从买入价上涨至少20%到最近的最高价。如果四周过去了，我们的股票还没有达到高于买入价20%的水平，那么我们必须准备开始寻找其它潜在股票，并愿意放弃我们的第一只股票。另一方面，如果股价开始下跌而不是上涨，那么它就会触发卖出止损，并将我们逐出市场。

假设股票出现20/4型走势，即我们的首个目标，那么我们必须立即将止损从当前水平调整至'略高于买入价'的新水平。这将确保我们永远不会在任何20/4型股票上亏损。当第一只股票达到这一点时，当前的最坏情况就是我们将在该头寸上实现

盈亏平衡，只有到这时，我们才应该考虑建立第二个头寸。换句话说，除非第一只股票的卖出止损在最坏情况下会提供一笔盈亏平衡的交易，否则永远不要买入第二只股票。

一旦20/4型的股票已经确定，它必须继续其上升趋势，而该上升趋势必须在周线图上清晰可见。在周线图上，上升趋势的表现为一系列的更高高点和更高低点。随着股价不断形成一系列的更高高点和更高低点，止损点必须不断向上调整到'略低于上一个低点'。止损点的调整在上一节课中已经讨论过。

投机的第七条规则：除非第一只股票已有收益，否则不要买入第二只股票

博伊德可说是个典范，我从没见过像他这样的人。他一次又一次地说，每个人都制定规则，但几乎没有人遵守它们。这就是成功投机者与大众的区别。他总是说大众会改变规则以适应需求。换句话说，普通人会因某个时间点的某个偏见去改变规则，以适应那种偏见。

比起大多数人，博伊德有个优势，那就是他曾被市场完全打败过。这是一种优势，因为那次残酷的经历教会了他永远不要低估市场。事实证明，大多数非常成功的投机者都经历过惨痛的教训。大多数回到市场'报复'巨大亏损的人，都会非常有

耐心，并充分意识到市场杀死大多数账户的能力。

博伊德会引用一句经典台词："除非你确信第一步已经走稳，否则永远不要向前迈出第二步。"他在市场中的每一步行动都完全取决于他上一步的结果。

他会先确保第一次试买的股票形成了20/4型的走势，然后他会将该头寸的止损点调整到略高于买入价的位置。这将确保他永远不会在任何20/4型股票上遭受损失。这个规则让他完全专注于那些从一开始就展示出有能力上涨的股票。一旦他发现了这样的一只股票，他会确保自己永远不会在这样的股票上亏损，以便在他的心理上留下一个印象，即他始终可以'坚持'买入20/4型股票，因为它们从来没有让他看到亏损。正是对这些赢利股的'坚持'，才使他赚到大钱。

一旦采取了这第一步骤，即20/4型股票的止损点已调整到略高于盈亏平衡的价格，博伊德才会开始考虑第二次入场。在第一只股票还没有明显表现出成绩时，购买第二只股票是不合理的。唯有在第一步被证明是正确的之后，才能考虑第二步。

博伊德坚信'市场中的生活是欲速则不达的'。当人们想在几天或几周内获得需要几个月或几年时间才能实现的300%回报时，失败是必然的。市场中的一切都需要时间和耐心。为了确保时间和耐心能齐头并进，我们必须制定和执行规则。

投机的第八条规则：唯有在胜算对你有利的情况下才采用金字塔式操作，并确保金字塔式操作永远不会导致全盘交易亏损

金字塔式加仓指的是对已经持有的股票进行第二次和/或第三次头寸买入。举个例子，如果我们在一只股票突破新高时以30美元的价格买入，然后几个星期和几个月后，它提供了一个以更高价格买入的机会，因为它以45美元的价格突破了更高的盘整，那么第二次买入就被称为金字塔式买入。

博伊德在做任何事情都会保持简单。例如，当我问他："以我们谈论的这只股票为例子，它以30美元的价格提供了第一次试买的机会，然后以45美元的价格提供了金字塔式买入的机会，那在45美元的价位上，我该买入多少额外的股票？"

秉持他在市场中'简单就是最好的'的原则，他用一些数字举了一个例子。他说："假设你以30美元的价格买入200股作为试买，并且在试买时立即在27美元设置了止损点，即低于买入价10%。然后，让我们假设股票在3周内上涨到36美元，因

此可被视作为20/4型的股票。一旦股价达到36美元的价位，你就把止损点从27 美元调整到30.50美元。几周后，该股升到45美元的高价，然后在45美元至39美元的价位之间进行回调和盘整。一旦该盘整阶段结束，假设股价突破45美元创出新高，这就是你进行金字塔式买入的时候。低于45美元的10%将是正常的止损点，或者说如果我以45美元金字塔式买入的话，那么40.50美元将是下一个止损价格。为了计算45美元该购买的股票数量，我会以之前用30美元买入的200股作为考，在40.50美元的新止损价位上，我将赚取2100美元的收益。万一第二次购买或金字塔式买入开始对我不利，那么这是我愿意承受的最大损失金额。如果我的新卖出止损点被触发，那么每股的损失为4.5美元。这意味着，我能买入的最大总数是2100美元除以4.5美元，也就是466股。在45美元的价格水平，我的金字塔式买入数量绝对不会超过466股。"

我现在明白了，他是在确保自己永远不会在一只赢利股上亏损。即使在最坏的情况下，股票从45美元的新金字塔式买入价回落到40.50美元，并触发他的止损点，他也不会在那只股票上有任何亏损。我现在更加地了解，博伊德'绝不在一只赢利股上亏损'的规则了。

我问博伊德说，金字塔式买入可以操作多少次。他回答，自己几乎从来不买入两次以上。大多数情况下，他会在第二次买入后停止，除非一只股票在牛市中显示明显的强劲上升趋，那才有第三次买入的可能。他表示："在确定的牛市中，想泰瑟这样罕见的例外确实会出现，第三次买入是明显可行的。"

投机的第九条规则：如果多只20/4型的龙头股开始触发卖出止损，那么市场可能是在发出危险信号

每个周期都会迎来一批新的龙头股。有些时候，一只股票可能在市场中连续两个周期成为龙头股。不过，同一只股票当龙头股超过两个周期是极其不寻常的。原因其实挺简单———一旦一只股票完全分派到公众手中，业内人士就没有必要再去推高股价了。由于股票已被派发到公众手中，这意味着业内人士不再是业内人士，他们不再需要推高股价。换句话说，该股已经履行其龙头股作用。

这是博伊德从不观察超过15年前的数据去寻找新龙头股的原因之一。很明显，一只已经上市了15年以上的股票，早已

历许多周期和'良好的经济时期'来完成它们的走势。一旦这些股票完成了它们的走势，它们就已经为业内人士提供了大量出售股票的机会。由于这些业内人士不再是股票的持有者，因此几乎没有推动股票大幅上涨的动力。如果一只股票没有大幅上涨的动力，那么从该股票获得可观收益的机会就很小。如果不可能获利，那为什么要买入这样一只股票？

市场充满了风险。为了补偿风险，它必须在任何给定周期内提供能让资金翻倍的股票。如果真正有潜力且有需要在给定周期内价格翻倍的股票没有出现，那何必费心进入市场呢？

投机的第十条规则：别指望在糟糕的市场中获得任何收益。最好远离那些胜算不高的糟糕市场，而不是试图逆流而上

一旦龙头股的卖出止损开始被触发，大部分，甚至全部股票被卖光也只是时间问题。卖出的决定最好是留给止损来启动。当大盘处于下跌趋势或没有趋势且波动较大的形态时，任何交易收益的前景都很渺茫。从更广的角度来看'首先，不造成伤害'，把任何辛苦赚取的收益还给市场无疑是个严重的错误。这些收益来之不易，是通过极端的耐心、努力和纪律才实现的。在恶劣的市场条件下，人们很容易就会把辛苦赚取的收益还回去。不要快速介入任何潜在的新一轮反弹，这样才能保护已经取得的收益。新的反弹只能通过龙头股的走势来确认。前面的

章节已经提到了如何确定可靠反弹的起点。当下跌趋势开始时，其信号是众多龙头股的卖出止损点触发。此外，道琼斯工业指数、标准普尔500指数、纳斯达克综合指数和道琼斯运输业平均指数等领先指数将给出明显的确认信号。根据定义，下跌趋势是一系列的更低高点和更低低点，通常，它开始时的迹象为早期的大量抛售。大量抛售之后的复苏通常成交量较低，且从未达到之前的高点。早在指数确认市场危险之前，龙头股止损点就会先被触发，给出明确的信号。正如我们从之前的课程中学到的那样，对处于上升趋势的股票，我们会在略低于前一低点的位置设下止损点。当股价跌破前一低点时，那么该股票的上升趋势就会被否定。

投机的第十一条规则：如果最好的股票价格没有上涨，那么市场不可能会提供好的胜算。如果最好的股票价格上涨，则无需其它理由买入。如果最好的股票价格没有上涨，则无需其它理由来避免买入

这条规则听起来很简单，但实际遵守却很难。我们人类有个天性，就是希望自己能找到一块别人尚未发现的宝石。我们想赶在其他人之前第一个到达宝藏。寻宝游戏一直都在进行，可问题是，在恶劣的市场条件下，虚假线索的数量会激增。此外，华尔街体系必须通过持续炒作来鼓励公众疯狂购买，以维持其运转。'购买便宜货'和每次'促销'都是好的交易，是美国消费者被充分利用的心态。

在下跌过程中的每一次反弹，都会敲响'这是新一轮牛市的开始'的号角。没有人想错失赚钱的机会。赚钱在现代等同于原始人狩猎、杀死并把猎物带回家的能力。每个人一生中都至少体验过一次胜利。那一次胜利储存在我们所有人的记忆库，它在很多方面都是一种诱惑，让人们在市场设下的每个后续陷阱中上钩。在那场大胜利之后的每一步，我们内心的'人为因素'会相信（无论正确与否），下一次重大胜利就在拐角处。尽管在市场中获胜的几率很低，但对这种大胜利的追逐却永远不会停止。

我们是聪明人。不过，我们越聪明，通常就越固执地认为市场可以轻松被击败。毕竟，我们具有超群的智力。然而，没有任何存在比市场更聪明。我们越早接受这一点，就会越快学会成功投机的基础知识。

总结：

真正的赢利股从第一天就会开始获利。通常，最好的股票会形成20/4型的走势，且不会触发投机者设下的卖出止损。在第一只股票上涨之前，不要买入第二只股票。只有在获胜几率对你有利，且在最坏情况下也绝不会导致整体交易的亏损时，才可以进行金字塔式操作。如果众多20/4型龙头股开始触发卖出止损，那么市场可能是在预示着即将到来的危险。在恶劣的市场条件下，不要指望获得收益，而是要避免亏损。如果最好的股票都不赚钱，那么市场不可能提供好的胜算。

第 13 章

更多的投机规则和基础

我有点担心，这些规则逐渐增多，开始变得难以追踪。我向博伊德提出我的忧虑。他回答说："别担心，在我们的课程结束时，我将以更简单的形式总结所有规则，你很容易就可以记住它们。目前，我们只需了解思维背后的逻辑。不要太专注于记住所有规则，它们很快就会成为你的第二天性。此外，我故意以各种方式重复同样的概念，就是为了试图把它们深深植入一个人的心灵。"

我问了一个很多新手常提出的问题："你通常会持有一只股票多长时间？我发现买入是最容易的部分。为了保本而卖出也很容易，因为卖出止损会自动解决这个问题。然而，卖出股票获利是市场中最难的事。我很难做出以获利为目的的卖出决。我总是卖得太早或持有得太久。有没有什么秘诀可以让我在走势结束后、相反趋势开始前找到合适的时机卖出获利？"

博伊德整理了一下思绪，句斟字酌缓缓地回答。我想他是要确保这个相当复杂的问题只有简单的推理，不会造成混淆。他说："当以获利为目的的卖出成了一个即兴决策时，问题就出现了。在这方面，这个问题就如同一个人买入股票时所做的即兴决策。事实上，任何即兴决策都是有问题的。一个即兴决策表明了缺乏纪律、对市场的尊重和知识。即兴决策也表明缺乏遵守规则的能力。如果一个人发现自己做出了一个即兴决，则务必尝试停止该操作，并什么也不做。在大多数情况下，即兴决策都是错误的决策。它并不是一个合理和经过深思熟虑的决策，因此获利的可能性很小。"

"为了获利而卖出必须同时实现多个结果。欲办到这一点，我们必须在上升趋势结束和下降趋势开始之前卖出。在这个临界点，增加的收益有很大的亏损几率，找到这个临界点是一门艺术，只有经过多年的实践才能培养出来。我们昨天讨论跟踪止损时，提到了获利卖出最简单的方法。依我看来，它仍然是解决获利卖出烦恼的最佳办法。"

投机的第十二条规则：股价处于先前历史高点15-20%范围内的股票是值得关注的

我们知道，我们唯一想买的是价格会上涨的股票，这种股票显示出许多赢利特征，包括清晰可见的上升趋势。在上升趋势中，它们会花一些时间调整或盘整。正是在这些时期，我们应该开始观察它们，以寻找异常的成交量活动。一旦这类股票从平稳或盘整阶段突破到新高点，我们就该考虑买入它们。为了把这类股票列入我们的观察名单，我们应该只关注那些价格处于先前高点15-20%范围内的股票。这将有助于减少需要关注的股票数量。我们只需要少数股票来确认或否定市场的强度。来自表现良好的行业板块的龙头股，理应足以让我们了解市场的状况。

投机的第十三条规则：不要一整天看你电脑上的任何实时数据。只有日内交易者会每分每秒关注市场

新手做出的最糟糕决策之一是进行即兴交易。即兴交易是指他们瞬间做出的买入或卖出决策，尤其当市场上出现与新闻相关的活动时，这种情况就会出现。这些新闻可能与收益报告、股票分割或某制药公司的药品获得 FDA批准等有关，这可能引起相关公司股票的价格波动。基本上，当一个人在电脑前观察股票代码及其买卖价差和交易时，突然激增的交易量和价格活动会让他/她做出即兴的买入或卖出决策。

这些糟糕的决策之所以会发生，是因为人们每分每秒都在关注市场和股票。这或许很诱人，但许多经验丰富的投机者都会认同，这种活动和行为对大多数帐户来说都是毁灭性的。股市会利用新闻来淘汰和欺骗意志力不够坚强的人。真正的运动

和趋势远在新闻发布前就已就位。在预期新闻出现时，股票走势早已开始了。新闻只是确认了先前的走势。因此，与新闻相关的交易只适合经验丰富的日内交易者。我们其余的人甚至不该查看股票的股票行情带。

买入决策应经过深思熟虑后才做出。这一决策应完全基于投机的规则。一旦做出买入决策，买入止损通常是进入市场的最佳方式。如果买入止损被触发，那么卖出决策将留给卖出止损触发。如前面所讨论的，买入被触发的同时，就会设置卖出止损以避免损失。随着股价上涨且开始出现更高高点和更高低点，卖出止损要沿着趋势向上调整。其中一个止损点迟早会被击中。通常情况下，当最轻松和最快速的上涨结束时，卖出止损就会被触发。接下来，如果股价出现任何上涨，通常都会充满震荡、波动、假动作和震仓。那点额外的收益不值得拿来之不易的收益去冒险。

投机的第十四条规则：不要听信任何人对市场大盘的分析，让龙头股和领先的指数决定你的行动

博伊德过去常说，股市中唯一的长久赢家只有市场。市场永远都不会错，而人类几乎总是错的。人类要么搞错方向，要么搞错时机。不管怎样，大多数人都很少有机会在市场中获得巨大收益。我们每个人在市场上都有自己的偏见和目的。

当一个人被询问观点时，他/她的回答很大程度上是基于自己的偏见。如果受访者做多市场，他/她不太可能看跌。同样的，如果受访者做空市场，他/她就不太可能看涨。受访者自己在市场中的头寸将决定他/她对市场的看法。

博伊德曾说过，投机者应该永远关闭CNBC、彭博和其它电视媒体，永远不要再打开。在这个时代，所有媒体一整天都会发布股市新闻和数据。信息泛滥是难以避免的，但一个真正的投机者会时刻牢记一件事：只关注领先的股票和指数。真正的信息就在那里，不在任何人身上，不管那个人是谁。博伊德过去常说："我认识一些曾经非常成功的投机者，当他们开始向媒体喋喋不休地发表观点时，就变得不那么成功了。媒体总有方法让一个人感觉自己比实际上更重要，突然间，一个有纪律的投机者沦为'自负'人为因素的猎物，并开始表明他希望市场会怎么移动，而不是保持冷漠的距离，观察市场的实际情。"

或许，正是这种纪律让博伊德决心远离聚光灯，他避开了市场业内人士和参与者的任何关注。正如我前面所说，认识他的人很少，知道他的人更少。当被问及他对市场的看法时，他总会说："不要听我的话，因为我说的话可能带有偏见，并且只是来自我的观点。你应该用自己的眼睛，而不是别人的眼睛去看市场。不过，既然你问了，我的答案只能是两者之一……市场要么是可交易的，要么是不可交易的。在可交易的市场中，你可以通过交易获得收益；而在不可交易的市场中，则无法获得任何收益。现在是一个不可交易的市场，最好什么都别买。"

投机的第十五条规则：股票是随心所欲的，没有人可以阻止股票朝一个方向或另一个方向移动

乍看之下，这条规则好像很简单，但这个概念是为了在投机者的脑海中打上一个烙印：股票走势几乎永远不会遵循脚本。换句话说，虽然行情可能表明一轮牛市，且龙头股可能会开始上涨，但趋势变化随时都有可能发生。股票随时可能停止并触发其卖出。一只明显处于强劲上升趋势的股票随时可能反转。在股票市场中，任何事情都可能随时发生。不管投机者对即将到来的走势多么有把握，他/她对真正趋势的看法都有可能是错误的。另一方面，投机者可能是完全正确的，但却成为严重或剧烈震仓的牺牲品。他/她可能在所有方面都是正确的，但仍然会因为严重的震仓而错失一波大走势。这些事情发生在我们当中最优秀的人身上。市场是一个狡猾的存在，充满各种挑战。

投机的第十六条规则：决策应该是简单的。人生已经很复杂了，没必要在股票交易中添加沉重的决策负担

我们挖得越用力，洞就越深。博伊德曾说过，对卓越研究的渴望和'第一个到达终点'的紧迫感，使大多数人看到不存在的东西。内在的偏见，以及领先他人找到尚未被发现的宝石股票的期盼，会让人类犯下愚蠢的错误。其秘诀就在于，在一波走势开始之前不要入场，因为该走势可能永远不会开始。或者更糟的是，那一波走势会开始，但朝错误的方向走。真正的投机者明白，走势全面展开后才是进入市场的最佳时机。为了等到走势全面展开，我们必须'忘却'我们在现实生活中所学的所有典型人生教训。我们被洗了脑，'早起的鸟儿有虫吃'这句话早已根深蒂固。这使人们相信，对股票及其产品的卓越研究和知识将帮助他们在股票开始上涨时获得回报。然而，真正的投机者在进行交易前会先等待并确认股票的确正在上涨。

忘却生活中的规则，然后再学习新的规则是很困难的，毕竟新的规则看起来与我们带入市场的生活规则截然相反。

投机的第十七条规则：市场唯一的工作就是迷惑和愚弄我们。始终寻找确认信号。亏损时急着卖，获利时慢点卖。让你的止损为你做决定

我们都听说过，如果在沃尔玛（Wal-Mart）、思科（Ciscos）或微软（Microsoft）的首次公开募股（IPO）中投资了1万美元购买股票，那么如今那些股票将价值数百万美元。实际上，在几十年的起起落落中，有人买入并一直持有这种大幅上涨的

股票的几率是非常低的。举个例子，假设你在思科上市时购买了价值1万美元的股票。在你买入后的一段时间内，账户金额已升至15万美元。在这个价位卖出的诱惑是非常大的。如果你的15万美元开始贬值，那么该诱惑甚至会更大。假设15万美元降到了12.5万美元，然后再降到9万美元… 有多少人能经受这样的回调？没有人会和我们谈论这些回调，因为体系不希望我们'现实'，它希望我们专注于在市场中'买入持有'财富。如果'买入持有'是如此伟大的理念，那么在2000年至2003年的熊市周期中，就不会有人遭受损失了。问问环球电讯（Global Crossing）、世界通讯（Worldcom）等股票的持有者就知道了，他们当初持有50美元的股票，最终一路跌到只剩几美分。

投机的第十八条规则：脱离式突破是可靠的机会。在上升趋势市场中，符合大多数真正条件的脱离式突破，通常表明了真正上升趋势走势的开始

我们在上一节课已经讨论过脱离式突破缺口。脱离式突破是一波重大走势开始的真实指标。根据市场周期的阶段和特定股票的周期位置，脱离式突破很有可能会有不错的走势。这种突破的主要挑战在于，如何有效地在交易时成功抓住走势的最佳部分。

投机的第十九条规则：突破当天的成交量应该是爆炸式的。如果投机者的意图是在任何给定的年份寻找少数的潜在交易，那么他/她应该要求股票成交量在交易时段的第一个小时内至少达到该股的日均成交量

前段时间吃早餐时，博伊德提到了股票突破的真正含义。我们知道，体系将突破定义为价格从一个交易区间移动到另一个区间，而不考虑股票或市场的趋势稳定度和确认信号。根据我们的定义，真正的突破来自已经处于平稳阶段很长一段时间（从几个月到几年）的股票。在此平稳阶段之后，该股开始形成明显可见的强劲上升趋势，创下历史新高，并得到成交量的强度确认。建立了这样的上升趋势后，股票会进入平稳或休整一段时间（从几周到几个月）。休整结束后，股票向上突破进入新的历史价格高位区，再一次得到成交量的强度确认。这才是我们定义的真正突破。

如果我们是那种只想在对的时间交易最好的股票（来自最好的板块）的投机者，那么我们将要求在我们的观察名单中，始终只关注排名前2或3位的股票。在这些股票之中，如果有一只在突破时的成交量达到了我们的条件，那么我们就会在突破时买入它。

如果一只股票平均每日交易50万股，那么要达到我们的买入门槛，它必须在交易的第一个小时内交易50万股。众所周

知，交易的第一个小时是从美国东部标准时间的上午9:30至

10:30。

投机的第二十条规则：手写记录每一笔交易。从你的错误中学习

真正的投机者在进行每一笔交易前都会深思熟虑。在得出可以在市场中设置委托的结论之前，他/她将核对自己的规则清单。另外，即使所述规则给出了可以买入的指示，他/她也只是以试买或小规模的方式试水温，看看他/她对市场和股票的解读是否正确。

如果试买被证明是正确的，那么他/她将进行第二步的加仓。前进的每一步都取决于前一步的结果。换句话说，他/她是一步一步往前走的。为了把纪律牢牢灌输到脑袋和心灵中，他/她会养成一个极其重要的习惯，那就是记下执行的每一笔交易。

买入的原因、买入数量、触发买入的价格和日期，全都记录在一本交易日志中。卖出止损沿着趋势方向调整；这些止损点及向上调整止损点的原因会被记录下来。在某一个时间点，其中一个止损点会被触发，从而卖出头寸获利。这个卖出日期、卖出价格和获得的收益也都会被记下。

表1显示了一个交易日志例子。这是博伊德交易日志的副本，他向我展示了他的泰瑟国际交易记录。我在我的第一本书《完美的股票》中提到了他的泰瑟交易，他在六个月内用25万美元的资金，赚取了惊人的180万美元利润。

日期	操作	股票代号	数量	价格	操作的理由
10/03/03	买入	TASR	1500	$32.68 GTC	在9/17以52周最高成交量突破后（得到周线图确认），突破至历史新高
10/03/03	卖出止损	TASR	1500	$29.68 GTC	标准10%止损，用作防损或保本
11/20/03	买入	TASR	2800	$69.75 GTC	经过数周盘整后，突破至历史新高，金字塔式加仓
11/20/03	卖出止损	TASR	4300	$56.84 GTC	标准'低于上次买入价10%'的防损规则；另外确保全盘交易不会亏损
01/09/04	买入	TASR	2150	$93.75	经过数周盘整后，突破至历史新高，金字塔式加仓
01/09/04	卖出止损	TASR	6450	$85.22 GTC	标准'低于上次买入价10%'的防损规则；另外确保全盘交易不会亏损
02/27/04	卖出止损	TASR	6450	$142.50 GTC	上周回调剧烈且成交量大，止损设在略低于上周低点位置
03/26/04	卖出止损	TASR	6450	$173 GTC	止损设在略低于上周低点位置
04/02/04	卖出止损	TASR	6450	$209 GTC	止损设在略低于上周低点位置

04/09/04	卖出止损	TASR	6450	$232 GTC	止损设在略低于上周低点位置
04/16/04	卖出止损	TASR	6450	$277 GTC	止损设在略低于上周低点位置
04/19/04	在市场卖出	TASR	6450	$351	股票显示见顶迹象，在接近交易日收盘时全部卖出

表 1. 博伊德的泰瑟交易记录

博伊德过去常说："通过手写来学习的艺术已经消失。在这个时代，没有人再用手写字了，真正的手写艺术正在消失。以前的年代，我在学校里都是用手写来学习功课的。自古以来，学习的原理就与手写艺术联系在一起。当手写的次数够多时，你会发现很难忘记所写的内容。我们人类总是忘记一切。为了克服人类的这一缺陷，我很久以前就学会写下我的所有交易。这样一来，我便可以回顾我的赢利交易，看看我做对了什么。同样的，我也可以回顾我的亏损交易，看看我在哪里犯了错误。那些赢利交易和亏损交易可能不会在未来一模一样的重现，但绝对会有足够的相似之处，让我利用过去的经验。这是一个无价的工具。然而，正如成功投机中的其它事物一样，这需要纪律。我的朋友，纪律这种东西只有在遭受巨大亏损之后才会出现。"

总结：

股价处于先前历史高点15-20%范围内的股票是值得关注的。不要一整天看你电脑上的任何实时数据。只有日内交易者会每分每秒关注市场。不要听信任何人对市场大盘的分析。让龙头股和领先的指数决定你的行动。股票是随心所欲的，没有人可以阻止股票朝一个方向或另一个方向移动。决策应该是简单的。人生已经很复杂了，没必要在股票交易中添加沉重的决策负担。市场唯一的工作就是迷惑和愚弄我们。始终寻找确认信号。亏损时急着卖，获利时慢点卖。让你的止损为你做决定。脱离式突破是可靠的机会。在上升趋势市场中，符合大多数真正条件的脱离式突破，通常表明了真正上升趋势走势的开始。突破当天的成交量应该是爆炸式的。如果投机者的意图是在任何给定的年份寻找少数的潜在交易，那么他/她应该要求股票成交量在交易时段的第一个小时内至少达到该股的日均成交量。手写记录每一笔交易。从你的错误中学习。

第 14 章

基础复习

与博伊德的早餐会兼课程接近尾声时，我清楚意识到，我的写作风格与博伊德大相径庭。我也很清楚，我倾向于假设我的读者与我的思路是同步的。对于那些不能跟上我思路的人来说，这往往使我所写的内容看起来有些不流畅。

为了克服这一缺点，我想我该以各种不同的形式重复一些基础知识，这将有助于读者以各种不同形式来吸收它们。我这样做对我自己也有好处。我知道如果我写下这些课程，我也会学到很多东西。正如博伊德所说，我们应该通过手写来学习；通过写下我知道的和博伊德知道的知识，我越来越掌握了市场的诀窍。我写得越多，诀窍就越清晰可见。

就在那时，我体会到博伊德的规则价值，即'一个人应该写下自己执行的所有交易'。这些记录应包含完整的细节，如交易的原因、金额、收益/损失等。这种'在职培训'是无可替代，只能从实践中学习，熟能生巧。

我很清楚，博伊德提出的这些纯粹投机规则，都是我和其他许多人从市场中的实际经验学到的。我深知，除非投机者亲身经历损失，否则很少有人能够领悟每一条规则的重要性。损失才是真正的教训。这些规则只有在经历持续和惨重的损失后才会变得显而易见。

因此，我必须试图说服新手们，在开始大笔交易之前，最好先从小资金开始。学习曲线是漫长和缓慢的，过程中会带来许多损失。你必须有耐心，才能熬过多年和多个周期的实际学习。它还要求我们能够只投入少量资金进入市场，以好好学，然后才进行最佳胜率的交易。在投入大笔资金之前，我们必须学会进行最佳胜率的交易。在低胜率交易中投入大量资金是没用的，那只会保证你迟早损失大部分的资金。

由于我们大多数人进入市场时的资金有限，所以我们必须在不损失大部分资金的情况下学习。学习需要时间，也会出现损失。我们不像那些大基金拥有大现金池。他们有能力承受大损失，并且能在大牛市到来时扭亏为盈。因此，我们必须确保我们的资金完好无损，且不会在恶劣市场中为了一点面包屑而失去一切，否则当真正的牛市趋势开始时，我们就什么都不剩了。

在大多数新手会犯的错误中，最常见的就是过度交易和态度傲慢。光是这两个弱点，就足以快速造成惨重的伤害。在良好的市场中，成功交易的几率可能会超过50%。然而，在糟糕的市场中，获胜交易的几率很可能会下降到远低于20%，这并非不可能的。这意味着，在恶劣的行情中，也许每五笔交易中只有一笔是获利的。此外，该获胜交易将很难有效执行，因为市场会提供非常多的震仓和'假动作'，几乎不可能坚持持有而不被止损给踢出局。既然只有坚持持有一只股票4-6-8个月的时间才能赚大钱，那如果赢利股拒绝让我们在这段时间内持有它，它又有什么用处呢？这意味着，即使一个人够幸运或够精明，在恶劣的行情中找到了一笔获利交易，他/她也很有可能无法获得真正的收益。其结果是，尽管每五笔交易中有一笔赢利，但亏损依然在不断增加。在胜率很低的情况下，持有现金远比交易来得好。然而，这是我们在经过了多年经验和巨大亏损后才学到的教训。

在我上一本书《完美的股票》中，我讨论了在股市中学习与度过青春期的过程。如果我们努力去回忆，几乎所有人都会记得，多年前我们经历青春期的日子，以及父母给予我们的智慧。在那段早已逝去的日子里，我们几乎没有人会认为我们的父母是有智慧的。我们都会想："现在时代不同了，他们懂些什么？"实际上，这跟在股市中的学习过程没什么不同。作为新手，我们所有人都经历过这样的时期：认为自己什么都懂、认为市场可以轻松被击败、认为牛市永远不会过去且熊市永远不会到来、认为以前的年代已经过时，以及许多典型的年少轻狂之话。欢迎来到成人的世界，没有人能逃离周期。唯有在市场行走多年历经艰辛后，我们才学会教训。就像我们在成年后学到的教训一样，父母给我们的告诫全都是真的，当我们还是无忧无虑的青少年时，他们确实知道一些人生道理。当我们试图向后代传授同样的教训时，他们的反应也会跟我们在他们那个年龄时的反应一样，这一点也不出奇。

市场的规则也是一样，人们只是不想听到它或学习它。我们想要的是轻松的旅程、意外之财和大量的便宜货。要是一个人肯全心全意学习，回报会是可观的，但这需要时间和耐心，正好都不是我们人类的强项。

总结：

保持简短和简单（KISS原则）。最简单的总是最好的。

第 15 章

基本例行事项

在我与博伊德见面的最后几天，我请他告诉我他在进入市场时的典型例行步骤。那天他说话时，我快速记下笔记，我想按照他的方式来安排我的例行工作。结果我才发现，我根本不需要做太多的笔记，因为他的例行步骤很简单，正是他喜欢的方式。

那天晚上，我把当日的课程总结打了出来，看起来像这样：

- 首先，每个周末看道琼斯工业平均指数、纳斯达克、标准普尔500指数和运输指数的周线图。特别注意价格/成交量走势，并确认指数是否处于特定的趋势。如果趋势不明确或趋势向下，那买入股票就不是一个好主意，最好是等待更好的时机。

- 如果趋势是明确且向上的，那么现在是时候试买那些显示确认上升趋势的股票了。

- 为了看清强度和真正的潜力股，寻找创下52周新高的股票。查看它们的历史图表，并确认它们是否显示出正确的价格和成交量走势。如果它们在历史周线图和月线图上都显示出正确的价格和成交量走势，那么就把它们列入你的股票观察名单。

- 除了已经记下的股票，还要看看这些'观察名单股票'的姐妹股。如果任何姐妹股确认或显示与'观察名单股票'类似的走势，那么这两只股票的胜算比其它股票都要高。

- 查看你的'观察名单股票'中是否有哪一只正在进入或接近'历史新高'，这样的股票将被列入'潜在买入候选名单'。一旦有了这份候选名单，我们就必须开始观察日线走势，即在市场收盘后，查看股票的日线图、周线图和月线图。日线图可以是最近一年的数据；周线图也可以是最近的，但不超过三年；月线图包含所有数据。如果三个图表（日线图、周线图和月线图）都确认了我们所看到的情况，那么该情况就很可能会发生。换句话说，我们没有看到不存在的东西。一旦确定了这样的股票，我们就必须设下准确的入场价格。

- 每个周末，在周线图上查看领先指数所显示的走势。

- 一旦买入一只个股，就必须立即设置相应的卖出止损。只有当股票被证实是20/4型股票时，止损才能向上调整。一旦股票出现20/4型走势，卖出止损点就会调整到略高于买入价的位置，这样一来，已确认的20/4型股票就不会让我们遭受任何损失。此后，卖出止损一旦设置了，就不能更改，直到出现新的明显且价位更高的止损。

- 如果可以的话，完全根据周线图调整止损点。

- 一周内不要关注任何的股票日内波动。

- 关掉电视（CNBC和Bloomberg等电台），取消订阅所有主要的商业、投资和股市报纸和杂志。媒体的知名度越高，提供的市场时机和方向就越差。要想在市场中取得成功，投机者必须正确把握市场的方向和走势的时机。此外，成功的投机者必须跳脱常规'思考和行动'。换句话说，在市场看起来最好的时候，他必须卖出；当市场看起来最糟糕的时候，他必须买入。而在其它时候，即使市场看起来很好，

他/她也不能买入；即使市场看起来很糟糕，他/她
也不能卖出。公众或媒体对市场的看法，永远不该
影响投机者对市场的看法，以及他根据该看法所采
取的行动。

总结：

制定和遵循你自己每日和每周的例行事项。在实施成功的投机
规则中，例行事项是不可替代的。

第 16 章

走势开始后才行动

令人难以置信的是，'我们必须在走势开始之前抓住它'的想法在我们的脑海中是如此的根深蒂固。或许，它源于我们原始人的心态：第一个抓住猎物的人可以吃掉它。又或许，这是我们从童年中学到的终身教训：人生就是一场赛跑，越先开始跑的人，越有机会打败其他人。或许，这是来自古人的教训：第一个挖到金子的人，第一个得到宝藏。

'在走势开始之前入场'的想法是我们人类心理的一个核心部分，以至于人们总是急于找出市场的转折点。业内人士将每一次反弹都炒作为牛市的开始或延续，助长了人们的这个疯狂行径。甚至，仅仅是'牛市'这个词，就能让人联想到一头向前冲锋的公牛。市场体制早已就位，炒作总是蓄势待发。即使是在最黑暗的熊市中，市场体系也在大量炮制新的前景和新的'必买'清单，向公众兜售。

博伊德过去常说，大部分资金是在熊市中'追逐虚假反弹'的阶段损失掉的。博伊德常用的一句经典话是："在确认走势前不要买入"。只是我们之中有多少人可以等到虚假反弹结束？不错过任何机会的需求是如此强烈，即使是最优秀的人，也必须用一套严格的规则来避开陷阱。

在股市里，迟到总比早到好。换句话说，绝不过早'出席派对'，没有人能保证每次'派对'都是好玩的。在参加'派对'之前，最好等待并确认'好玩的派对'已经开始。在走势开始之后进入市场总比在走势开始之前进入更好。我们必须牢记的问题是：

- 如果我在走势开始前进场，我如何保证走势会发生？

- 即使走势真的发生，如何保证它会朝着我有利的方向移动？

- 在走势实际发生之前，我必须等多长时间？

投机者的心态是在投入市场前先等待并确认走势已经开始。这种心态不仅适用于在股市中寻找财富，也适用于生活的其它方面，例如在房地产领域也是如此。在走势开始之前购买房地产是不合理的。一个人可能一辈子都坐在一块无用的地产上。相反的，一旦重大走势已经开始，那些等到走势明确开始才行动的明智投机者，都将在许多房地产投机活动中取得成功。

总结：

在确定重大走势明确开始之前，不要做任何行动。

第 17 章

经验丰富的输家还是赢家

每个人都是通过实践来学习的。我们通过实际爬行来学习爬行。我们通过自己走路来学习走路。我们通过自己跑步和游泳来学习跑步和游泳。是的，在学习爬行、走路和跑步的过程中，我们会跌倒、受伤、放慢脚步、跌跌撞撞，甚至弄伤自己。在学习游泳的过程中，我们喝下大量的脏水，我们的眼睛痛，耳朵也痛。然而，一旦学习过程完成，我们就知道了要避开的易犯错误。我们偶尔还是会跌倒，但我们几乎不会受到严重伤害。

在股票市场中也没什么不同，其学习过程是缓慢、漫长和痛苦的。如果一个人认输了，他/她就没有机会学到成功投机的规则。

对于在市场中赚钱，大多数人都想要简单直接的答案。当博伊德·亨特这样的人终于分享真正经过测试的规则时，学生们却不想听。博伊德这样的人提供的规则太过繁琐、过时、获利速度太慢，且需要长时间的思考、学习和理解市场。它需要我们忘记生活中其它工作中所学到的规则，其中最大的规则与自律和征服人为因素有关。

博伊德常说，市场中到处都是有经验的人。然而，大多数人都是经验丰富的输家，因为在任何一个十年周期中，能够保持盈亏平衡就算是非常幸运了。经验丰富的赢家少之又少，而且通常是沉默的。按照逻辑，经验丰富的赢家必须保持沉默，因为当全世界都看涨时，他必须看跌。在大众看涨时说出自己的想法，等同于要求被排斥；而我们都是群居动物，任何人都不希望被排斥，那种感觉并不愉快。

只有像博伊德这样生性冷漠和客观的人才能取得成功，因为像他这样的人没有任何社交需求。博伊德有过多年被市场击败的经历。他吸取了严厉的教训。他不需要向任何人证明自己的能力，他的能力他自己知道就好，对他来说，这才是最重要的。他不需要宣传他的赢利或他正确的市场决策。他没必要向任何人证明什么。对他来说，他交易账户的价值便是他能力的证明，而该交易账户的价值后面有不少个'零'。

几年前，当博伊德决定停止他的股票服务时，我曾问他为什么要走到那一步。毕竟，他的选股是非常好的，而他的市场时机比我认识的任何人都好（而我认识不少成功的市场作手）。

他的回答是："我没办法去满足每位读者的人性需求，人们迫不及待想要获胜，我已经厌倦了人们玩的心理游戏。当市场开始反转时，我告诉我的读者们要保持警惕，可他们却想要看涨，并且告诉我说，几十年来最好的牛市即将到来。一旦我在几周或几个月后被证明是正确的，许多读者就会觉得，我所写的内容似乎是在侮辱他们的智商，因为在该内容中我会指出，我所看到的迹象明显正在上演。"

他接着说道："不能等待坏行情过去的人，就不能等到行情好时的股票。不管行情是好坏还是平庸的，等待都是成功的关键。没有人愿意等待。在行情坏的时候，我会建议持有现金等待。没有人愿意等待坏行情过去。他们要么在市场上进进出出，陷入深渊，要么取消他们的服务。等到好行情到来时，那些不断进出市场的人就只能赚上几个点。其他一些人会在早期卖光大赢利股，错过真正的走势；而很多人会很晚才进入市场。在所有这些情况下，缺乏按兵不动和等待的能力是错过市场真正重大走势的关键原因。"

"市场充满了风险，我认为'亏10%来赚10%'是不合理的。如果我真要入场，它最好给我提供一些可以让资金翻倍的好机会。否则，这种风险不值得参与。如果市场没有提供许多真正的赢利股，那么它对我并没有用处。"

"当我决定停止服务时，我收到了几位读者慎重的电邮和电话，他们希望我继续这项工作。最终，我只为这些读者提供我的评论，他们已经追随我几十年了，我很难离开他们。"

"我在上一篇专栏文章中已经通知他们，我会把工作交棒给你，而且你特别优秀。他们完全相信我识别优秀作手的眼光，我有充分的信心，你会服务好他们，他们也会善待你。"

"我从未想过要扩大我的读者群。我喜欢保持生活简单。我并不想成为一个知名作家。我会鼓励你也保持这种状态，没有必要为庞大的用户群而增添额外的烦恼，这样会很容易失去注意力，变得过于热衷于取悦所有人。这类专栏作者的目标是正确解读市场、在正确的时间选择正确的股票，然后有效地进行交易。只要你专注于这个目标，你就不会有问题。"

我意识到博伊德已经完全把工作交给了我。他说："我建议你马上开始。这个周末我会写我的最后一篇专栏，我要和我的读者们说再见了。我对自己挑选的继任者感到非常高兴和满。我很感激你接受挑战。我可以向你保证，你将从读者们那里学到很多东西，我相信他们也会从你和你的全新视角中学到很。"

那天晚上，当我着手把博伊德课堂上的所有笔记整理成一本书时，我感到孤独，因为我可以感受到即将失去一位伟人和挚友的巨大损失。我在想，日后市场陷入混乱时，我能向谁求助？然后我意识到，博伊德的一番话已经教会了我度过困境所需的一切，他说："聆听市场和龙头股的声音，它们几乎不会误导你。不要听人类的话，因为人类几乎都是错的。市场是唯一永远不会犯错的存在。"

我突然感到自信，我知道市场是我的朋友，也是我唯一真正的指南。除了市场和龙头股，我没有理由依赖或依靠任何人或任何东西。博伊德让市场成了我的好朋友。博伊德以他一贯的谦逊慎重风格，给我留下了一份很好的礼物。我非常幸运，我希望分享这份馈赠给那些愿意付出时间、精力和努力去跟市场交朋友的人们。

总结：
市场是投机者唯一真正的朋友，因为它永远不会误导投机者。

投机的规则

1. 首先，不造成伤害。

2. 买入前核对你的清单：（　）大盘是否正处于上升趋势？
（　）我有看到任何20/4型的股票走势吗？（　）我看到
的价格和成交量走势是否确认我所看到的一切？

3. 如果我不能在试买中赚钱，我的大资金也将无法赚钱。

4. 总是使用止损，以自我保护帐户。

5. 趋势是你的朋友，沿着趋势移动你的止损。

6. 我的头寸必须从第一天就开始获利，并且在四周内，该
股票必须从买入价上涨至少20%到其最高价。20/4型股
票应该继续处于上升趋势，不断形成更高高点和更高低
点。

7. 除非第一只股票已有收益，否则不要买入第二只股票或

者对第一只股票进行金字塔式加仓。

8. 唯有在胜算对你有利的情况下才采用金字塔式操作，并确保金字塔式操作永远不会导致全盘交易亏损。

9. 如果多只20/4型的龙头股开始触发卖出止损，那么市场可能是在发出危险信号。

10. 别指望在糟糕的市场中获得任何收益。最好远离那些胜算不高的糟糕市场，而不是试图逆流而上。

11. 如果最好的股票价格没有上涨，那么市场不可能会提供好的胜算。如果最好的股票价格上涨，则无需其它理由买入。如果最好的股票价格没有上涨，则无需其它理由来避免买入。

12. 股价处于先前历史高点15-20%范围内的股票是值得关注的。

13. 不要一整天看你电脑上的任何实时数据。只有日内交易者会每分每秒关注市场。

14. 不要听信任何人对市场大盘的分析，让龙头股和领先的指数决定你的行动。

15. 股票是随心所欲的，没有人可以阻止股票朝一个方向或另一个方向移动。

16. 决策应该是简单的。人生已经很复杂了，没必要在股票交易中添加沉重的决策负担。

17. 市场唯一的工作就是迷惑和愚弄我们。始终寻找确认信号。亏损时急着卖，获利时慢点卖。让你的止损为你做决定。

18. 脱离式突破是可靠的机会。在上升趋势市场中，符合大多数真正条件的脱离式突破，通常表明了真正上升趋势走势的开始。

19. 突破当天的成交量应该是爆炸式的。如果投机者的意图是在任何给定的年份寻找少数的潜在交易，那么他/她应该要求股票成交量在交易时段的第一个小时内至少达到该股的日均成交量。

20. 手写记录每一笔交易。从你的错误中学习。你的错误会教会你很多关于你自己的事。这些教训是别人无法教你的。

一图胜千言

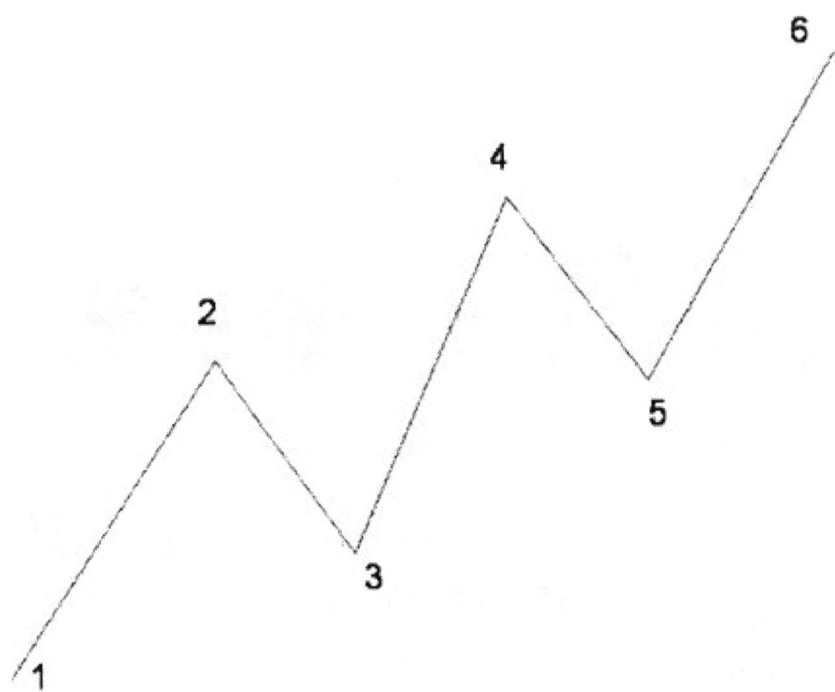

图 1. 明确的上升趋势

1 = 最近低点

2 = 呈上升趋势的股票的最近高点

3 = 对应（2）高点的回调低点

4 = 新的更高高点，高于先前（2）的高点

5 = （4）最近高点之后的回调低点

6 = 新的更高高点

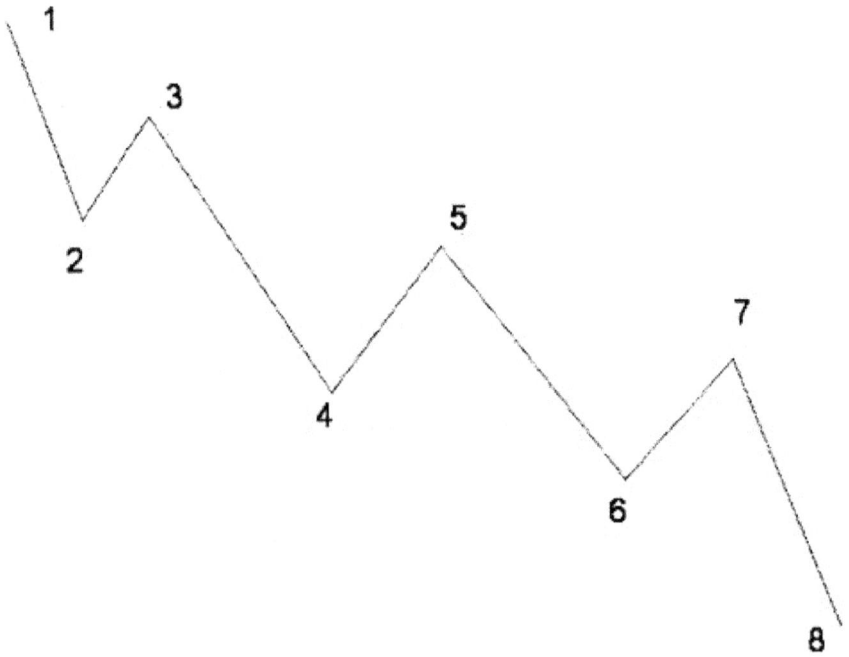

图 2. 明确的下降趋势

1 = 最近高点

2 = 呈下降趋势的股票的最近低点

3 = 对应从（1）到（2）的下跌腿的反弹高点

4 = 新的更低低点，延续下降趋势

5 = 反弹高点，低于先前（3）的高点

6 = 形成新的更低低点

7 = 反弹高点，也是低于先前（5）的高点

8 = 下降趋势的延续

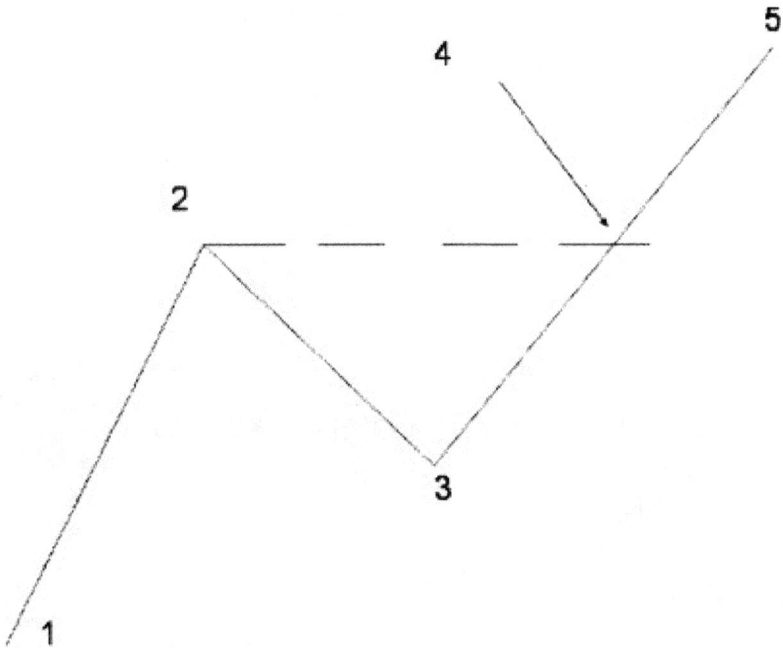

图 3. 呈潜在上升趋势的上升之字形

1 = 先前的上升趋势

2 = 最近高点

3 = 最近高点的回调低点

4 = 当价格突破（2）的高点时，一个潜在的新上升趋势可能已经开始

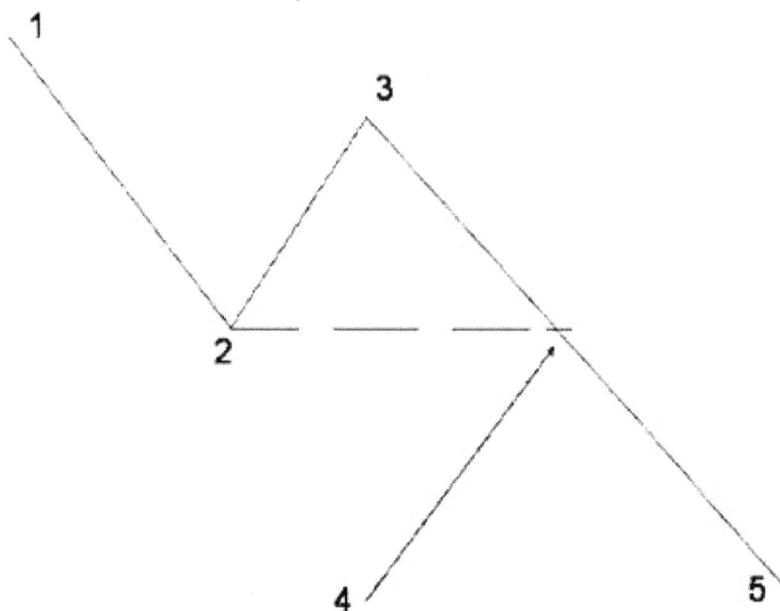

图 4. 呈潜在下降趋势的下降之字形

1 = 先前的下降趋势

2 = 最近低点

3 = 最近低点的反弹高点

4 = 当价格向下刺穿（2）的新低时，一个潜在的新下降趋势可能已经开始

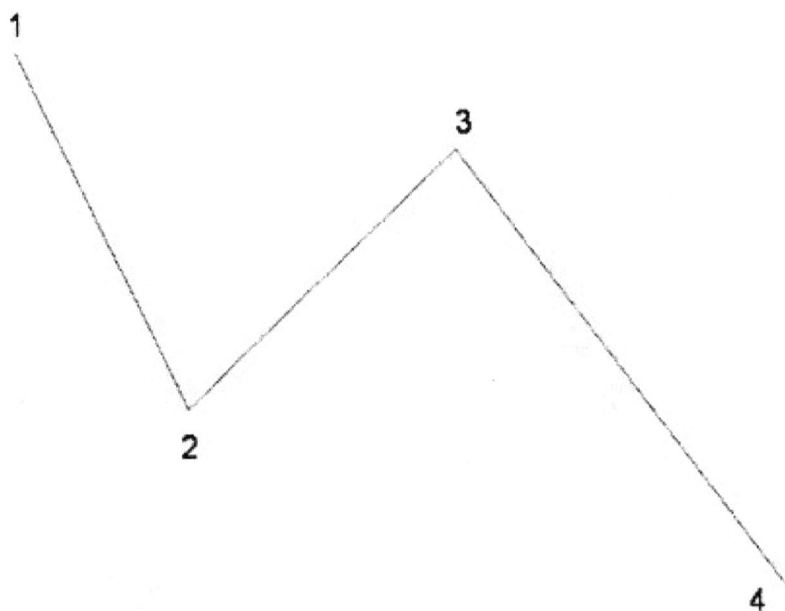

图 5a. 一个呈下降趋势的市场

1 = 先前的下降趋势

2 = 最近低点

3 = 最近低点的反弹高点

4 = 新的更低低点

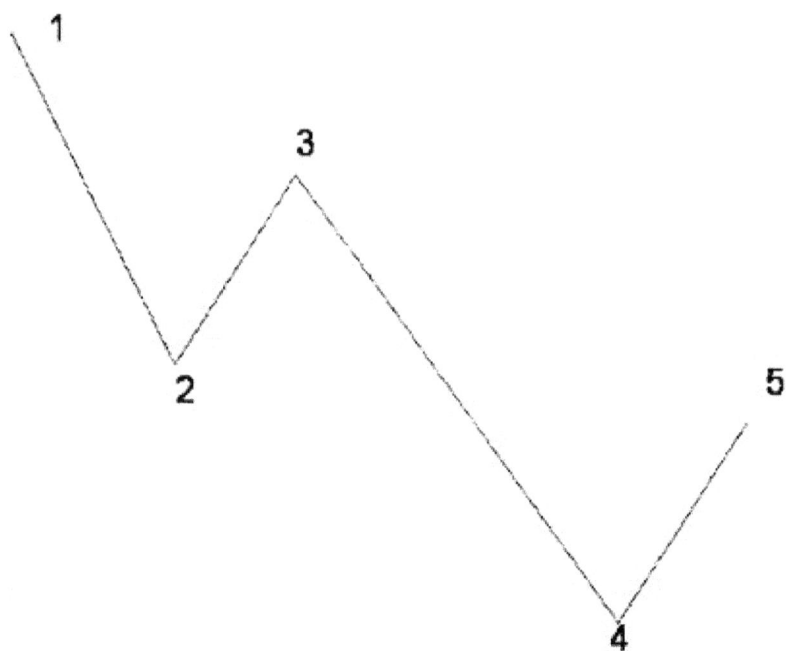

图 5b. 不一定会发生的潜在趋势变化

1 = 先前的下降趋势

2 = 最近低点

3 = 最近低点的反弹高点

4 = 新的更低低点

5 =（4）后的反弹

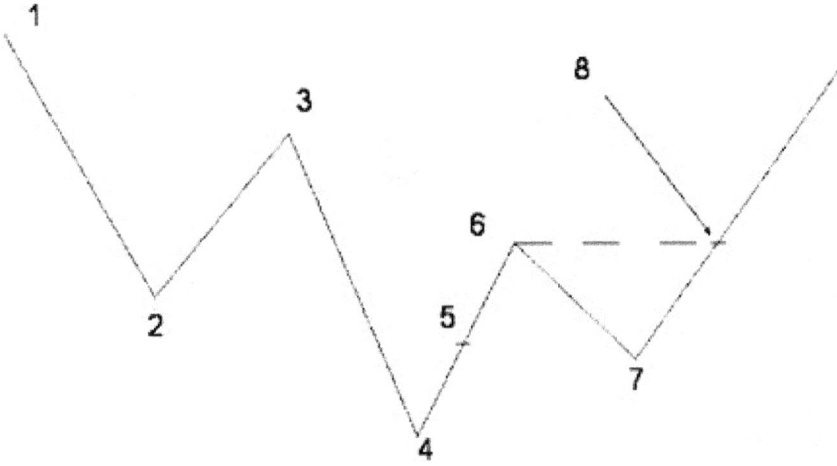

图 5c. 趋势变化

1 = 先前的下降趋势

2 = 最近低点

3 = 最近低点的反弹高点

4 = 新的更低低点

5 = 最近低点的反弹

6 = 最近反弹期间的高点

7 = 对最近反弹的向下回调，但这个低点高于先前（4）的低
点

8 = 当价格突破（6）的前一高点时，则表明新的趋势变化

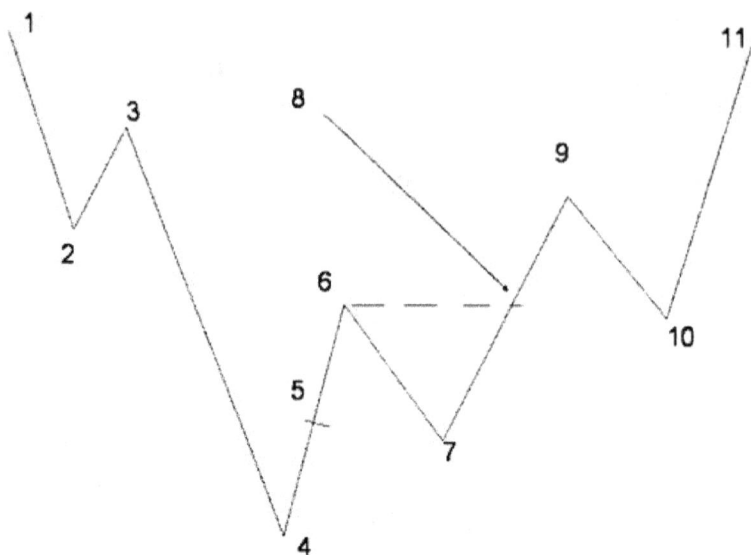

5d. 趋势变化已得到确认

1 = 先前的下降趋势

2 = 最近低点

3 = 最近低点的反弹高点

4 = 新的更低低点

5 = 最近低点的反弹

6 = 最近反弹期间的高点

7 = 对最近反弹的向下回调，但这个低点高于先前（4）的低点

8 = 当价格突破（6）的前一高点时，则表明新的趋势变化

9 = 一个更高高点，高于先前（6）的高点位置

10 = 一个更高低点，高于先前（7）的低点位置

11 = 一个新的更高高点，延续上升趋势

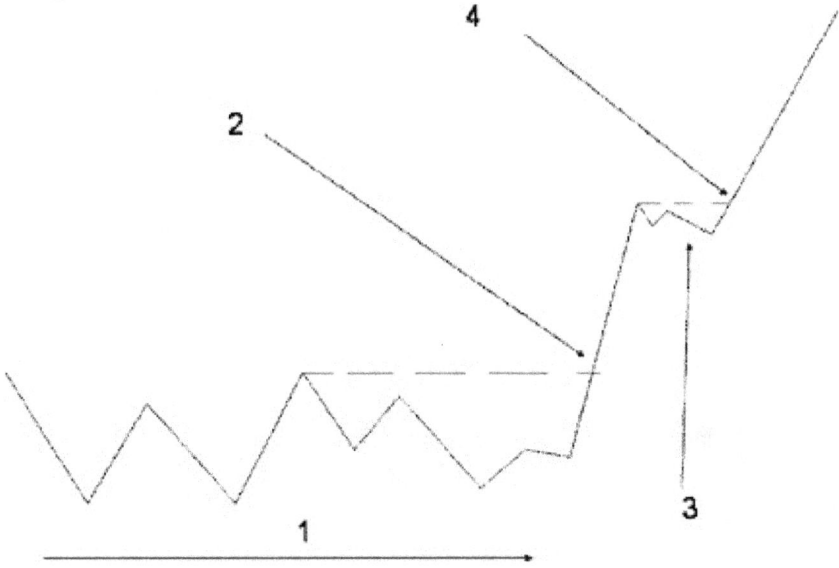

图 6. 典型的 20/4 型股票走势

1 = 持续数月或数年的长平稳阶段

2 = 价格的历史新高确认

3 = 休整或盘整阶段

4 = 从（4）开始，突破至新的高点，在4周内做出20%或更大幅度的运动

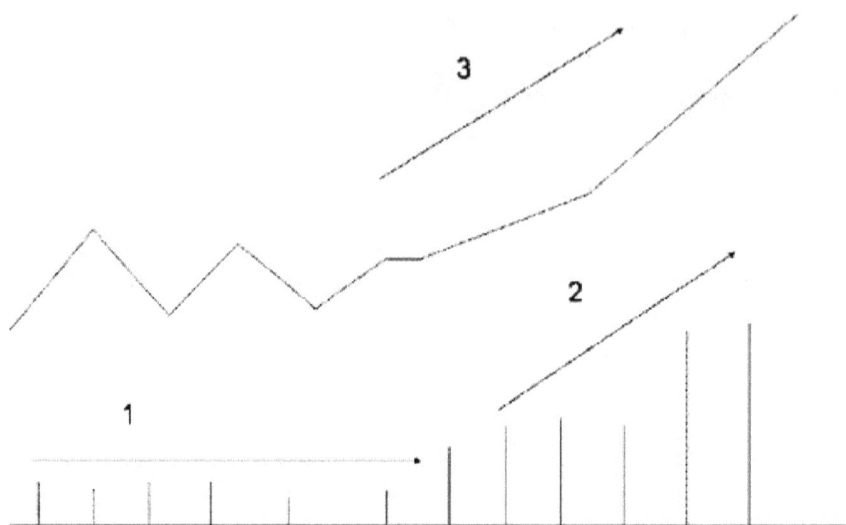

图 7. 理想的价格/成交量走势

1 = 长平稳阶段，成交量低

2 = 成交量上升

3 = 价格随着成交量上升而上涨

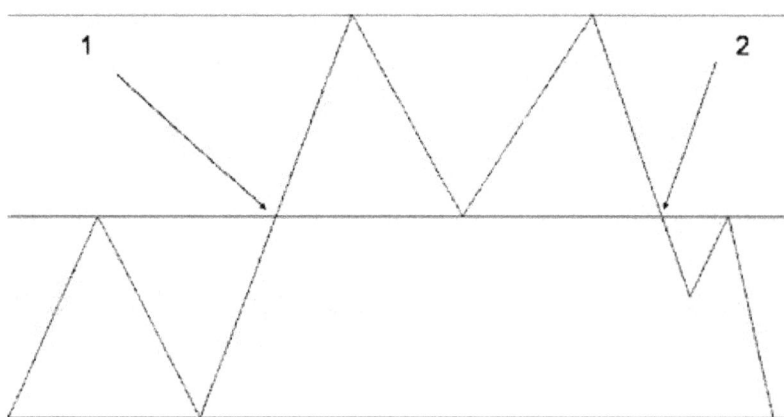

图 8a. 任何老式突破

1 = 从一个价格区间突破到更高的价格区间

2 = 回到原本的较低价格区间

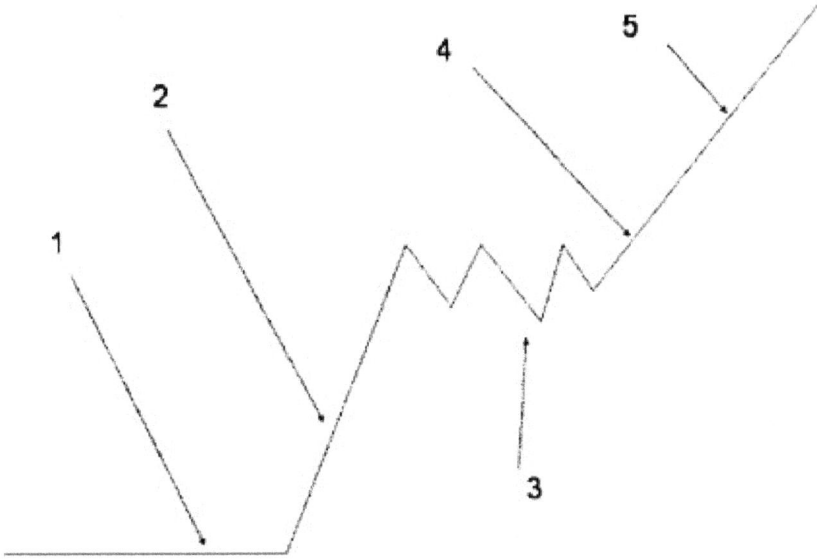

图 8b. 真正的突破

1 = 长的横向平稳阶段

2 = 强劲的上升趋势，开始创下新的价格高点

3 = 休整或盘整阶段

4 = 突破至新的历史高价区间

5 = 休整或盘整阶段之后，现在恢复持续上升趋势

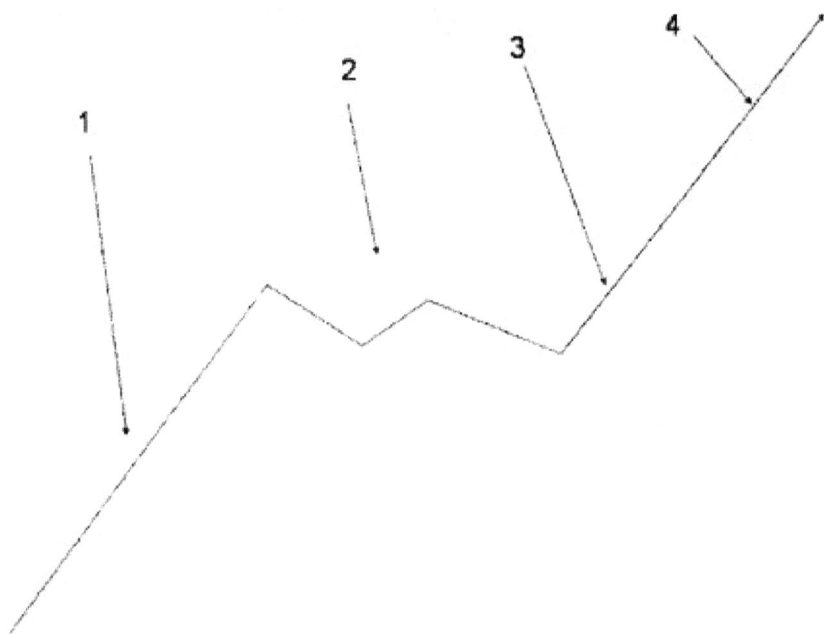

图 8c. 真正突破的特写

1 = 强劲的上升趋势，开始创下新的价格高点

2 = 休整或盘整阶段

3 = 突破至新的历史高价区间

4 = 休整或盘整阶段之后，现在恢复持续上升趋势

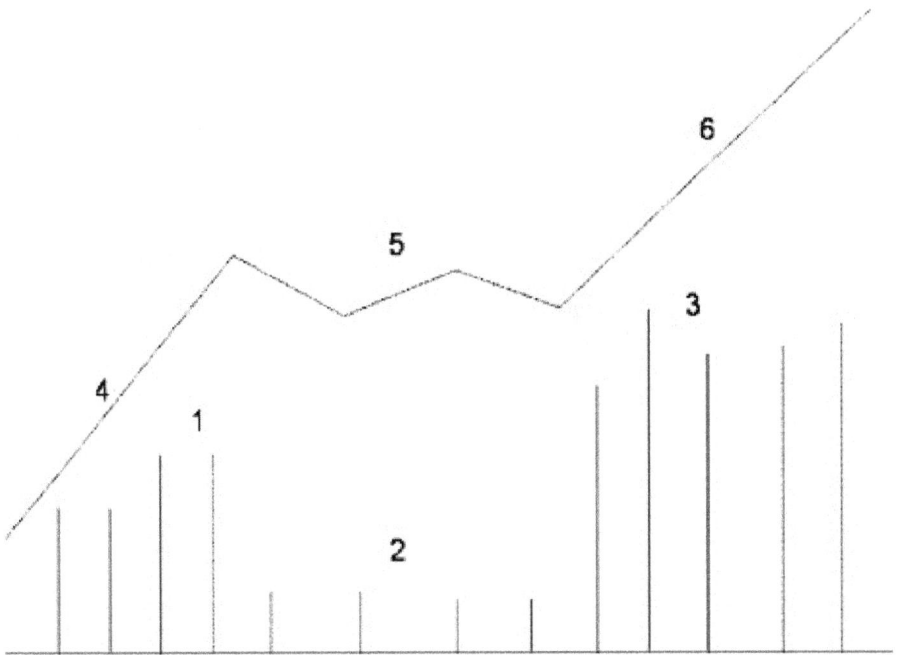

图 9.具有稳健价格/成交量走势的真正突破

1 = 先前上升趋势中的成交量增加

2 = 休整或盘整阶段中的成交量萎缩

3 = 成交量跃升至该股历史成交量的最高点

4 = 先前上涨趋势价格区域

5 = 盘整阶段 – 这个阶段的高价是一个'天花板',直到股票向上突破这个'天花板'价格。一旦突破'天花板'价格,那'天花板'就会变成'地板'价格,通常不会再向下跌破

6 = 上升趋势恢复

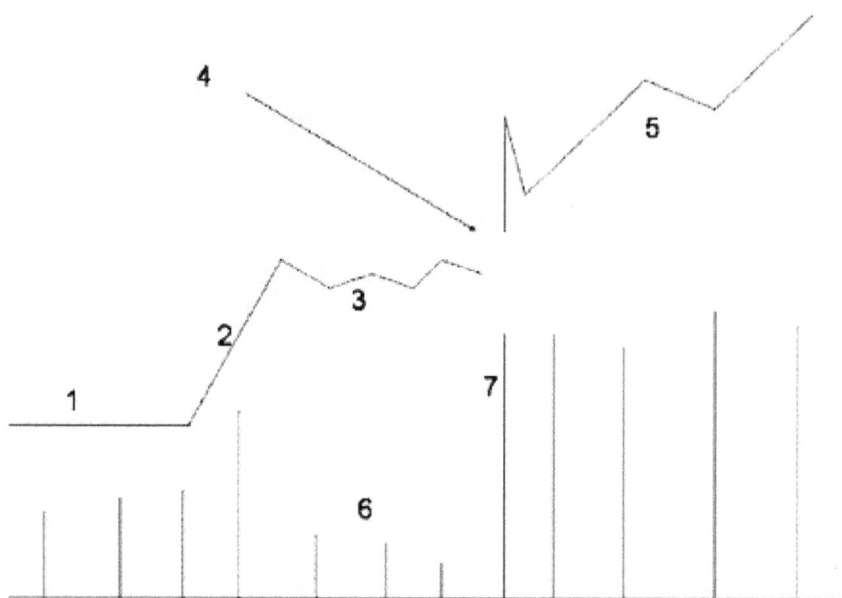

图 10. 一个真正的脱离式突破

1 = 长的横向平稳阶段

2 = 强劲的上升趋势，开始创下新的价格高点

3 = 休整或盘整阶段

4 = 脱离式突破缺口

5 = 休整或盘整阶段之后，现在恢复持续上升趋势

6 = 休整阶段期间疲弱的成交量

7 = 股票历史交易记录中的最高成交量

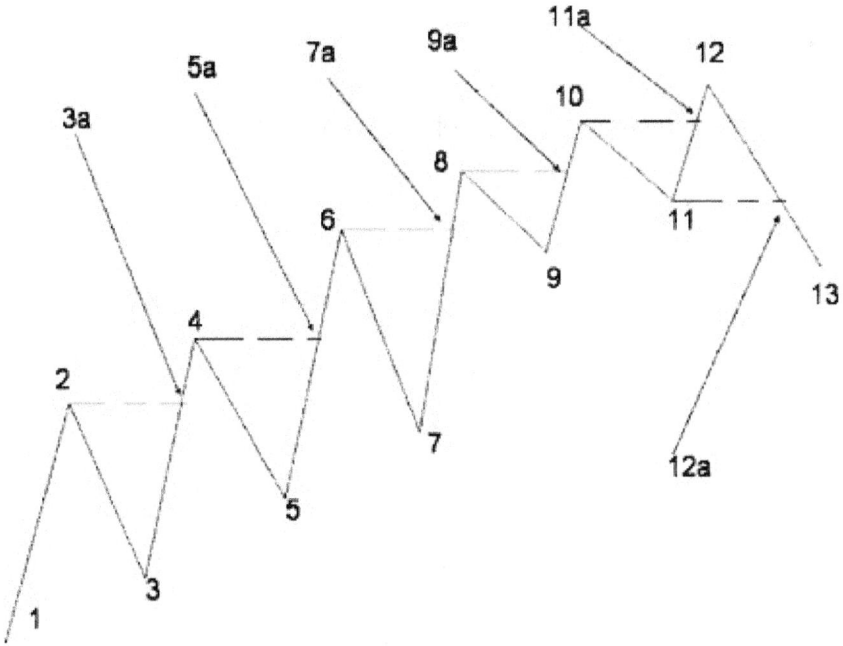

图 11. 沿着趋势移动止损点

博伊德说："假设你拥有一只价格正在上涨的股票。我画了一张该股的草图。假设你在它突破（3a）创下新高时买了这只股。你在（3a）买入的那一刻，你就要在价格低于（3a）10%的地方设置止损点。假设在股票形成更高高点和更高低点之前，止损价格不会被触发。这意味着股票必须先在（4）形成一个高点。然后，它对这次上涨的回调必须确定，例如在（5）的价格。注意，（5）的价格高于（3）的价格，（3）是股票的最后一个低点。然后，股价必须创下更高的新高，例如在（6）的价格。注意，（6）的价格高于其在（4）的先前高点。在股价从（5）移动到（7）的过程中，它穿过或刺穿了（5a）的价格，基本上与（4）的高点相同。一旦股价向上刺穿（5a），该股就已重新确认了其上涨趋势。就在这个时间点上，止损从先前的止损点调到略低于（5）的价格。"

"在另一轮更高高点和更高低点得到确认之前，止损保持在略低于（5）的价格。这意味着股票必须先达到（6）的价格高点。然后，股价必须在（6）对这一新高点作出回调。该回调在（7）形成一个低点。然后，一波新的上涨运动开始。在从（7）到（8）的价格的这一新上涨过程中，股票必须刺穿或穿过（6）的价格高点。我已经指出这个价格为（7a）的价格。一旦股价超越（7a）的价格，我便将止损从略低于（5）的价格移动到略低于（7）的价格。这个止损位置将保持不动，直到又一轮更高高点和更高低点形成。"

"理论上，这看起来相当简单和直接。大多数新手面临的最大障碍是，他们日复一日地关注着自己的账户价值和股价。举个例子，当他们看到股票在（6）的位置已经形成一个高点，然后又看到股票向（7）的价格回调时，他们开始变得紧张。他们觉得正在'失去'利润，新手在首次出现价格疲软的迹象时就会卖出。"

"遵守'沿着趋势调整止损点'的纪律需要时间培养。大多数人只有在'错失'大赢之后才能养成这一纪律。只有多次在趋势早期阶段放弃真正的赢利股之后，人们才会掌握沿着趋势交易的窍门。遗憾的是，很多人将永远无法领悟这一纪律的简单。正如我所说，时间是相对的。对于像我这样几十年来目睹和经历了市场馈赠与危险的人来说，4到8个月在股市中并不是一段很长的时间。然而，对于新手和许多无纪律的专业人士（他们很快就不会是专业人士）来说，即使是4-8周也感觉像永。"

他接着说道："随着股价不断创下更高的高点和更高的低，止损点会沿着趋势向上调整。在某一时间点，价格的向上压力将停止。然后，向下压力开始建立，以推动价格下跌。这个转变有时很微妙，有时又完全清晰。不管怎样，遵守规则的投机者会不断向上调整止损点。首先，止损点移动到（9）的价格下方一点，然后再移动到略低于（11）价格的位置。当股票在中期或长期内见顶并开始下跌时，这一止损点将被触发，而股票将被卖出。因此，投机者得以持有股票，从（3a）一路爬到（11）的价格。这是一波重大走势，也是精明投机者的真正目标——抓住趋势最有利可图或最重要的部分。"

附录 3

投机者唯一需要的其它好书

1. 尼古拉斯·达瓦斯（Nicolas Darvas）的《我如何从股市赚了200万 | How I made $2 million in the stock market》

2. 威廉·吉勒（William Jiler）的《如何利用图表在股市中获利 | How charts can help you in the stock market》

3. 布拉德·科特什瓦尔（Brad Koteshwar）的《完美的股票 | The Perfect Stock》

其它的所有教训都必须通过实际交易和经历一个完整的周期（一个完整的牛市和一个完整的熊市）来学习。

作者简介

《完美投机者》的作者——布拉德·科特什瓦尔（Brad Koteshwar），最初因撰写泰瑟国际（Taser International）股价在52周内飙升7000%的报告而闻名。当他以'虚构小说'的名义发布他为客户撰写的那份报告，并在亚利桑那州当地媒体上寻求出版时，他遭到了拒绝，因为该州小而富裕的社区里的名人，全都是泰瑟股票的持有者。他们谁也不愿相信泰瑟的股价在2004年4月已经见顶。